特別支援教育のエッセンス

自閉スペクトラム症教育
の基本と実践

宍戸和成・古川勝也・徳永 豊【監修】
齊藤宇開・肥後祥治・徳永 豊【編】

慶應義塾大学出版会

「特別支援教育のエッセンス」の刊行にあたって

　令和の日本型学校教育のキーワードは、中央教育審議会答申（令和3年）に謳われているとおり「個別最適な学び」と「協働的な学び」の実現です。個別の指導計画を踏まえた授業づくりの実践を長年積み重ねて来た特別支援教育は、学校教育において、その果たすべき役割がますます大きくなりつつあります。そのため、特別支援教育を担う「教師の専門性」の向上や大学等における教員の養成などの充実は、教育の喫緊の課題になっています。

　このような中で、「特別支援教育のエッセンス」として、視覚障害教育、聴覚障害教育、知的障害教育、肢体不自由教育、自閉スペクトラム症教育における教育的営みの「基本と実践」をまとめたシリーズを刊行することになりました。「特別支援教育」全般に関する概論的書籍を目にすることは多いのですが、障害種ごとの各分野において、基本的な知識を得られるとともに実践的な学びをもたらす書籍が求められている状況です。

　慶應義塾大学出版会から刊行されている『視覚障害教育に携わる方のために』と『肢体不自由教育の基本とその展開』は、その構成と内容が評価され、版を重ねてきました。しかしながら、それぞれ初版から15年以上が経過しており、この間にカリキュラムマネジメントや教育課程の見直し、授業づくりなど特別支援教育を取り巻く状況は大きく変化しています。

　そこで、本シリーズ「特別支援教育のエッセンス」を企画しました。そのポイントは、以下のとおりです。
① 　障害種ごとに1冊ずつ完結させることで、内容や範囲を把握しやすく、学びやすくすること。
② 　学校現場の悩みや戸惑いに対応し、学校現場の困りごとに対する解決の方向性を示すものとすること。

③ 学生（教員免許状取得希望者、特別支援学校教諭免許状取得希望者）と、さらには特別支援学校教師、特に新任者を主に対象とした内容とし、研修や講義で使用しやすい章構成とすること。

④ これまでの教育実践を踏まえて、オーソドックスな内容とし、教育の「基本」に徹すること。

⑤ ICT活用や合理的配慮、キャリア支援など、今日的な課題に対応した内容とすること。

⑥ 特別支援教育を担当する教師だけでなく、家族や支援を行う専門職へも有益な内容を盛り込んでいること。

　また、このような教科書に準じた書籍として、特別支援教育の各障害について、その内容をとりそろえたシリーズとすることにしました。構成や内容の確かさを高めるために、各巻の編者及び執筆者は、実践につながる内容を重視しつつ、適切な情報を提供するため、一部、独立行政法人国立特別支援教育総合研究所の関係者の協力を得ることにしました。

　この「特別支援教育のエッセンス」が、特別支援教育を担う「教師の専門性」の向上と大学等における教員の養成などの充実につながることを期待します。特別支援教育に携わる教師が、各障害分野の基本を身に付け、日々の授業に安心感と充実感をもって取り組み、その結果として、子どものよりよい学びにつながることを願います。そして、それぞれの学校において、実践に悩みや戸惑いを覚える教師の背中をそっと支えるエッセンスになればと考えます。

　最後になりましたが、このエッセンスの出版に際して援助いただきました慶應義塾大学出版会、また企画から編集まで幅広く支援していただいた慶應義塾大学出版会の故西岡利延子氏、そして関係する出版会スタッフの方々に心から感謝申し上げます。

2022年11月

宍戸和成・古川勝也・德永　豊

はじめに

　本書は、「特別支援教育のエッセンス」シリーズ『自閉スペクトラム症教育の基本と実践』です。自閉スペクトラム症教育の基本を身に付けたい学生や教師のために、できる限り教育実践を踏まえて、「基本」に徹した内容になるように心掛けました。

　まずは、本書があえて『知的障害教育の基本と実践』とは別の巻として刊行されたことに深い意味を感じます。

　「自閉スペクトラム症（ASD）への教育的支援は、知的障害へのそれとは違う」

　現在では、この言葉を聞いて、当たり前と思う方も多いでしょう。しかし、我が国では 20 数年前まで、ASD 教育は知的障害教育のバリエーションの 1 つとして行われてきました。

　ASD の特性を考慮しない対応の結果、ASD のある人に対し 1990 年代に本格的に「強度行動障害特別処遇事業」が開始されました。この事業に着手せざるを得なかった背景に、ASD のある人たちの二次障害の深刻さがあり、この事業は ASD の特性を考慮しない対応の不適切さを浮き彫りにしたものです。「強度行動障害」の現実は、周囲の大人の対応が原因であり、「つくられた障害」、そして「避けられたかもしれない障害」です。

　「強度行動障害」とは、激しい自傷（自らを傷つける行為）、他害（他者に暴力をふるう）、などにより、自の命や他人の命の危機に至るかもしれない行動がある障害です。家族や地域ではその対応が困難で、受け皿となった福祉の現場は必死の対応に迫られていました。支援者は真っ白な壁、鉄で作られたドア、監視カメラの中で、「強度行動障害」になってしまった ASD のある人たちと向き合いました。

　そんな時、TEACCH プログラムに代表される、「構造化」を中心とした方法論が我が国に伝えられました。現場を視覚的構造化で固め、ASD のある人たちの行動は、明らかに落ち着きました。真っ暗なトンネルの先に、確かな光が見えたのです。

私たちは必死に勉強しました。確かな理念と技術を関係文献から知ることができました。また、米ノースカロライナ大学 TEACCH に留学した方々がキーパーソンとなり、具体的、実践的なワークショップが実施されました。このようにして普及していった TEACCH は、正に我が国の ASD のある人の支援に光明を与えてくれた存在であり、ASD の教科書となりました。

　つまり、自閉スペクトラム症教育の特徴は、構造化（学校教育、教育環境を ASD のある人たちが理解しやすい環境にする）です。構造化を教育の基本と捉え、ASD のある人が混乱しない教育環境を徹底して準備しましょう。そうすれば、ASD のある人たちの教育は本書に示すように「自立活動」を中心にしながら「各教科」に取り組むことができます。

　「遊びの指導」などの各教科等を合わせた指導は、「創造性」や「自発性」を重視するため、ASD のある人たちのアンバランスな認知特性では混乱を生み出す可能性があります。無理に推し進めれば誤学習につながり、授業に参加できず教育の機会を失うことにつながります。

　先に触れたように、我が国の自閉スペクトラム症教育はマイナスからのスタートだったのです。そのことを忘れないでチャレンジしましょう。

　本書の著者の多くは、二次障害を防げなかった、行動障害を生じさせてしまった教育分野に、怒りを持って挑み続け、今でも当時の教訓を抱きながら教育分野をモニターしようと、そんな感覚で仕事をしている研究者です。今でも「強度行動障害」は生じえます。自閉スペクトラム症教育の歴史は浅く、ちょっと油断をすれば、あなたが担当した児童生徒が深刻な「強度行動障害」に至るかもしれないことを常に想像しながら、本書を基点にして「自閉スペクトラム症教育」の難解さを学び、教育者としての道を歩んでいただきたいと考えています。

　末筆ながら本書の出版に際して、関係する皆様、そして「先生の思いを自由に書いてほしい」と勇気づけてくれた慶應義塾大学出版会の故西岡利延子さんに心から感謝申し上げます。

2023 年 7 月

齊藤宇開・肥後祥治・德永　豊

第 1 章

自閉スペクトラム症の概念の変遷と
その状態像の理解

本章では、「自閉症」が「自閉スペクトラム症」へと変遷しつつある現状を踏まえ、そもそもこれらはどのようなものなのか、またその原因と考えられてきたものについて紹介します。そしてこれらの行動・認知面の状態像をみたうえで、日本の学校教育においてこれらに対してどのような対応がなされてきたのかを概観します。

1 「自閉スペクトラム症」と「自閉症」

学校教育法の規定する 5 つの障害種は、視覚障害、聴覚障害、知的障害、肢体不自由、病弱です。本書が用いる「自閉スペクトラム症（Autism Spectrum Disorder: ASD）」といった名称はその中には見出すことはできず、現在でも学校教育の文脈において、先の名称はほとんど用いられていません。では、日本の学校教育の中で上記の ASD といわれる状態像の児童生徒に取り組んでこなかったのかというと、そうではありません。日本の学校教育の世界では、「情緒障害」、「自閉症」といった概念の中で現在 ASD といわれる児童生徒に教育や支援を提供してきました。このことについては、第 5 節で改めて述べることにします。しかし、学校教育法の規定する 5 つの障害種を見ると、養護学校義務化導入がなされた特殊教育創設期には、「自閉症」の教育より重要なテーマが存在していたことが予想できます。特別支援学校以外の学校（幼・小・中・高）で展開される特別支援教育に関心が高まっている現在では、「自閉症」を中心とする「発達障害」への支援は、特別支援教育の最も重要なテーマの 1 つになっています。「自閉スペクトラム症」の教

育を扱う本書が、「特別支援教育のエッセンス」シリーズに位置づけられたこともその証といえます。本書は、まだ教育界において「自閉症」の用語の使用が一般的であることを理解しつつも、診断をリードしてきた医学界が提案する「自閉スペクトラム症」の用語の使用が、今後のより広い支援者の協働を促すと考えて「自閉スペクトラム症」を本のタイトルとしました。この節では、「自閉症」から「自閉スペクトラム症」への概念の変遷にふれながら、これらの幼児児童生徒が、どのように理解されてきたかについて述べたいと思います。

　「自閉症」から「自閉スペクトラム症」にいたる研究は、アメリカのカナーとオーストリアのアスペルガーがそれぞれ 1943 年と 1944 年に、独自に対人関係や情緒的な接触に問題のある子どもの症例報告を行ったことに始まります。カナー（L. Kanner）[1] は自らの症例を「早期幼児自閉症（early infantile autism）」、アスペルガー（H. Asperger）[2] は「自閉的精神病質（autistische Psychopathie）」と命名しました。アスペルガーの報告が第 2 次世界大戦終了近くにドイツ語で行われたこともあり、自閉症研究は、カナーの症例を中心に論議が進められていくことになります。アスペルガーの症例が注目を浴びるようになったのは、ウィング（L. Wing）[3] によるアスペルガー症候群の概念の提起を待つことになります。

　自閉症は、「精神疾患の分類と診断の手引き（DSM）」の改訂が重ねられるなかで、「自閉症」という名称から広汎性発達障害の下位カテゴリーの「自閉性障害」として位置づけられ、第 4 版（DSM-Ⅳ）においては「アスペルガー障害」も広汎性発達障害の下位カテゴリーとして位置づけられました。この「広汎性発達障害」は、後にイギリスの保護者と専門家の民間組織によって「自閉症スペクトラム障害」と呼ばれるようになります[4]。最新のDSM-5 では、「広汎性発達障害」の用語は、「自閉スペクトラム症（自閉症スペクトラム障害）」（ASD）に置き換えられ、DSM-Ⅳ では、「自閉性障害」、「アスペルガー障害」と異なる診断下位カテゴリーであった 2 つのグループは、DSM-5 ではいずれも「自閉スペクトラム症（自閉症スペクトラム障害）」（ASD）と診断されることになりました。

② 原因論の変遷

　現在では、「自閉症」あるいは ASD の原因を保護者の養育の在り方に求める人はいませんが、1970 年頃までの ASD（この当時は自閉症）の原因論は、カナーの家族論や当時のアメリカ精神医学界の精神力動的傾向もあり、母子関係を中心とする対人関係に原因を求める心因論が支配的でした。1960 年代中盤頃よりその原因論として、脳の器質的な障害を示すデータが蓄積され始め、ラターら[5]の言語認知障害説により、心因論から器質障害論へと ASD の原因論は大きな転換点を迎えます。その後の ASD の原因論の研究は、脳の責任部位の特定に関心が移行していきますが、現在のところこの問題に関して統一された見解の合意には至っていません。

　1980 年代中盤になると、バロン・コーエンら[6]の「心の理論」の障害といった見解やホブソン[7]による感情認知障害説が提出され、現在の ASD 原因論研究の大きな視点となっており、この現象を「カナーへの回帰」と呼ぶ研究者もいました。しかしながら、原因論の軸足は、脳の器質障害説にあり、自閉症が心理的要因に基づく情緒障害ではなく、発達障害であることに関しては共通の理解が得られています。

　また、近年の脳科学の著しい発展過程で「ミラーニューロン」と呼ばれる神経細胞群（自ら運動行為〔食べ物をつかむなど〕を行ったときと他者が運動行為を行っていることを観察しているときの両方で活性化するニューロン）の存在が報告されるに至り、このミラーニューロンと ASD の関連も議論されるようになってきました[8][9]。近年の脳科学の進展が、ASD の原因論の解明に大きな役割を果たすことが期待されています。

③ 関連する概念の整理

　「自閉症」は、「精神疾患の分類と診断の手引き　第 4 版（DSM-Ⅳ-TR）」[10]において広汎性発達障害の下位カテゴリーである「自閉性障害」として位置づけられ、第 5 版（DSM-5）[11]では、ASD の診断名に整理されてい

3

きます。また、先にも述べたとおり第4版において広汎性発達障害の下位カテゴリーとして位置づけられていた「アスペルガー障害」は、第5版においては「ASD」に収束していき同一の診断カテゴリーとなりました。このようにかつて自閉症の辺縁の状態像であった群の児童生徒は、今後 ASD と診断を受けていくことになると思われます。上記のような変更が児童精神医学のトレンドですが、まだ移行期であることや日本の教育界がそのトレンドをどの程度踏襲するかを考えた時、現在用いられている ASD に関連する概念等を整理することは必要となります。ここでは、文部科学省の報告書に扱われている「高機能自閉症」、「アスペルガー症候群」に関して整理を行います。

　文部科学省の「発達障害」の関連する定義で最も早く出されたのは、1999年の「学習障害児に対する指導について（報告）」の中で「学習障害」に関するものです。しかしながらこの報告書においては、ASD 関連の定義等について記載はありません。ASD の関連の定義等の記載は、「今後の特別支援教育在り方について（最終報告）」[12] を待つことになります。表1-1は、「高機能自閉症」、「アスペルガー症候群」に関する定義の報告書での記載です。この2つの定義は、当時の児童精神医学の診断基準の DSM-Ⅳ-R を手がかりとしています。

　本来「高機能自閉症」というカテゴリーは、先に述べた DSM-5 にも、もう1つの主要な診断基準として知られる WHO（国際保健機構）の国際疾病分類第10版（ICD-10）にもその記載はありません。「高機能自閉症」は、

表1-1　高機能自閉症・アスペルガー症候群の定義

（高機能自閉症）
高機能自閉症とは、3歳位までに現れ、他人との社会的関係の形成の困難さ、言葉の発達の遅れ、興味や関心が狭く特定のものにこだわることを特徴とする行動の障害である自閉症のうち、知的発達の遅れを伴わないものをいう。また、中枢神経系に何らかの要因による機能不全があると推定される。（※本定義は、DSM-Ⅳを参考にした。）

- -

（アスペルガー症候群）
スペルガー症候群とは、知的発達の遅れを伴わず、かつ、自閉症の特徴のうち言葉の発達の遅れを伴わないものである（DSM- を参照）。なお、高機能自閉症やアスペルガー症候群は、広汎性発達障害（Pervasive Developmental Disorders …… PDD と略称）に分類されるものである（DSM-Ⅳを参照）。

出典：文献12）。

「発達障害」や「自閉症」の学校教育での支援を検討する上でクローズアップされてきた概念で、「自閉症」の診断の柱となる３つの症状を有しながら「知的な遅れを伴わない」ものとして規定しています。ここでの「知的な遅れを伴わない」とは、一般的に知能指数の値が70以上あるといったことが１つの基準になっています。

　「アスペルガー症候群」は、DSM-Ⅳ-R の広汎性発達障害の下位カテゴリーの「アスペルガー障害」として診断カテゴリーとして存在していました。一般に「アスペルガー症候群」と「高機能自閉症」の成人の状態像は、類似しているといわれています。しかし、それぞれの幼少期の状態像とは、対人関係の問題や行動に対するパターン化へのこだわり等共通点がみられますが、コミュニケーションの問題を前者が指摘されないのとは違い、後者は、その問題を指摘されます。しかし、このことはアスペルガー症候群の幼少期に実際にコミュニケーションの問題を全く抱えていないことを意味するものではありません。「心の理論」[6]や会話文脈や対人場面における暗黙のルールの理解の問題といったより複雑なコミュニケーション上の問題を抱えていることが一般的に知られていました。DSM-5 が登場してからは、ASD の診断の枠組みの修正がおこなわれることにより「アスペルガー症候群」と「高機能自閉症」の幼少期の状態像の差異が重要ではなくなりました。

④　行動および認知面の状態像

（1）診断基準に見る ASD の行動特徴

　従来の「自閉症」の診断に用いられていた DSM-Ⅳ-TR の「自閉性障害の診断基準」には①「対人的相互反応における質的な障害」、②「意思伝達の質的な障害」、③「行動，興味および活動の限定され，反復的で常同的な様式」の３つの領域が挙げられていました。ウィング[4]は、これらの診断基準を基に「社会的相互交渉の障害」、「コミュニケーションの障害」、「想像力の障害とその結果としてもたらされる反復的動作」が「障害の３つ組」であるとして広く受け入れられました。

　新しい診断基準である DSM-5 では、「障害の３つ組」の枠組みが整理さ

れたかたちで提案されました。具体的には、DSM–IV–Rの①「対人的相互反応における質的な障害」、②「意思伝達の質的な障害」の2領域が「社会的コミュニケーションおよび対人的相互作用反応における持続的な欠陥」に整理され、③「行動，興味および活動が限定され，反復的で常同的な様式」は、「行動、興味、または活動の限定された反復的な様式」へと引き継がれたことになります。「障害の3つ組」の枠組みの考え方は、DSM–5中に内在化されて残っていると考えることができると思われます。表1−2にDSM–5の診断基準の抜粋を示しました。

(2) 社会的相互交渉の視点からの分類

　社会的相互交渉における困難性は、ASDの中核となる問題ですが、ウィング[4]は、この点での特徴を以下の4つの群に整理しています。コミュニケーション面の能力の落ち込みが少ないタイプや以前に「アスペルガー症候群」や「高機能自閉症」といわれていたASDを理解する上で参考になると思われます。

①孤立群：小さな子どもに多いタイプで周囲に人がいないかのように振る舞う。呼びかけても反応がない。自分で欲しい物を取るために、人の手を取って取ろうとするクレーン現象が見られる。

②受動群：人の接触を受け入れ、避けることはしないが、自分から関わりを始めようとはしない。

③積極・奇異群：自分の世話をしてくれる他人に積極的に関わろうとするが、自分の関心事を一方的に話し、相手の感情等に注意を払う様子は見られない。会話の際にいつ目をそらせばよいかといったことの理解が難しい。

④形式的な大げさな群：言語の使用能力の高い人に青年後期から成人期以降に現れる。過度の礼儀正しさや堅苦しい振る舞いが見られる。上手く振る舞うために人付き合いのルールに厳格であろうとするところがあるが、状況の変化や文脈に応じた対応に難しさがある。

表1-2　DSM-5（2013）による自閉症スペクトラム障害の診断基準（抜粋）

299. 00 自閉スペクトラム症 / 自閉症スペクトラム障害（**Autism Spectrum Disorder**）

A. 複数の状況で社会的コミュニケーションおよび対人的相互作用反応における持続的な欠陥があり、現時点または病歴によって、以下により明らかになる（以下の例は一例であり、網羅したものではない）.

(1) 相互の対人的‐情緒的関係の欠落で、例えば、対人的に異常な近づき方や通常の会話のやり取りのできないことといったものから、興味、情動、または感情を共有することの少なさ、社会的相互作用を開始したり応じたりすることができないことに及ぶ.

(2) 対人的相互反応で非言語的コミュニケーション行動を用いることの欠陥、例えば、まとまりのわるい言語的、非言語的コミュニケーションから、視線をあわせることと身振りの異常、または身振りの理解やその使用の欠陥、顔の表情や非言語的コミュニケーションの完全な欠陥に及ぶ.

(3) 人間関係を発展させ、維持し、それを理解することの欠陥で、例えば、様々な社会的状況に合った行動に調整する困難さから、想像上の遊びを他者と一緒にしたり友人を作ることの困難さ、または、仲間に対する興味の欠如に及ぶ.

B. 行動、興味、または活動の限定された反復的な様式で、現在または病歴によって、以下の少なくとも2つにより明らかになる（以下の例は一例であり、網羅したものではない）.

(1) 常同的なまたは反復的な身体の運動、物の使用、または会話（例：おもちゃを一列に並べたり物を叩いたりするなどの単調な常同運動、反響言語、独特な言い回し）.

(2) 同一性への固執、習慣へのかたくななこだわり、または言語的、非言語的な儀式的な行動様式（例：小さな変化に対する極度の苦痛、移行することの困難さ、柔軟性に欠ける思考様式、儀式のようなあいさつの習慣、毎日同じ道順をたどったり、同じ食物を食べたりすることへの要求）.

(3) 強度または対象において異常なほど、極めて限定され執着する興味（例：一般的ではない対象への強い愛着または没頭、過度に限局したまたは固執した興味）.

(4) 感覚刺激に対する敏感さまたは鈍感さ、または環境の感覚的側面に対する並外れた興味（例：痛みや体温に無関心のように見える. 特定の音または触感に逆の反応をする、対象を過度に嗅いだり触れたりする、光または動きを見ることに熱中する）.

C. 症状は発達期早期に存在していなければならない（しかし社会的要求が能力の限界を超えるまでは症状は完全に明らかにならないかもしれないし、その後の生活で学んだ対応の仕方によって隠されている場合もある）.

D. その症状は、社会的、職業的、または他の重要な領域における現在の機能に意味のある障害を引き起こしている.

E. これらの障害は、知的能力障害（知的発達症）または全般的発達遅延ではうまく説明されない. 知的能力障害と自閉スペクトラム症はしばしば同時に起こり、自閉スペクトラム症と知的能力障害の併存の診断を下すためには、社会的コミュニケーションが全般的な発達の水準から期待されるものより下回っていなければならない.

（3）ASD の感覚および情報処理への配慮

　ASD の子どもと関わる際に彼らの感覚および情報処理への配慮が必要であることは、臨床的には以前より指摘されており、感覚の問題は、ASD の症状形成に重要な役割を果たしているという研究者[13][14]も存在しました.

感覚の問題の存在は、DSM-5 から診断基準の中に明記されることになりました（表1-2、B（4））。ASD の子どもたちは、聴覚、視覚、触覚、味覚、嗅覚、前庭覚、固有覚における過敏性や鈍感性といった感覚上の問題を抱えることが少なくなく、大きな音への反応や偏食、同じ服の着用へのこだわり、バランス感覚の良さや悪さといった現象として現れることで知られていました。

　また、得意な情報入力の様式としては、言葉による聴覚情報と視覚情報を比較すると、後者の方が一般的に優れているといわれ、彼らに予定やスケジュールを伝える際に視覚情報を付随して用いることの有用性が知られています。

　シングルフォーカス[15)] [16)] とセントラルコーヒレンス（中枢性統合／統合的一貫性）[16)] [17)] の問題も、ASD の子どもの感覚と情報処理を理解する上で必要となります。シングルフォーカスとは、同時に2つ以上の情報に対処できないことを意味し、周囲の働きかけに適切に対応することの困難性や、場に応じた注意のコントロールに困難性があるという特徴です。

　セントラルコーヒレンスは、様々な情報を統合し、その中でより高次の意味を構築し（より中心的な課題を理解し）、それに基づく情報の取捨選択や行動の優先順位の決定を行う力のことです。フリス[17)] は、「自閉症」の子どもの優れた側面と問題のある側面をこのセントラルコーヒレンスの障害によって説明できると考えています。

**⑤ 日本の学校教育における
「自閉症」、「自閉スペクトラム症」への取り組み**

(1) 情緒障害児教育と「自閉症」教育

　ASD の用語は、我が国の教育関係法令にはその語を見つけることができませんが、ASD の状態像の児童生徒は「自閉症」として主に情緒障害教育の場で教育を受けてきました。実際には、知的障害の特別支援学校においても非常に多くの「自閉症」の診断をもつ児童生徒が学んでいることも事実ですが、ここでは、まず情緒障害教育と「自閉症」教育の関連性を整理したい

と思います。日本の学校教育における ASD の対応を説明する際には、「自閉症」の用語を用いることが適切であるので、この項では日本の学校教育の対象を「自閉症」として、いわゆる診断名としての ASD の表記を使い分けていきたいと思います。

　日本の「自閉症」教育は、その原因の理解が心因論を中心に展開されていた影響を受け、情緒障害児教育の範疇で扱われてきていました。「自閉症」が「情緒障害」とは「障害の原因及び指導法が異なるものが含まれている」という理由から名称として分離されるようになったのは、2006（平成 18）年 3 月の学校教育法施行規則（通級による指導に関連）の一部改正（第 73 条の 21 → 140 条）以降でした。

　わが国の特別支援教育で情緒障害の用語がはじめて用いられたのは、1965（昭和 40）年の「心身障害児の判別と就学指導」の手引き書になります。それ以前は、「性格異常者」（昭和 22 年の制定の学校教育法第 75 条第 1 項：昭和 36 年の学校教育法改正で削除、昭和 28 年特殊児童判別基準とその解説）の範疇に情緒障害に該当する子どもが中に含まれていたものと考えられます。1967（昭和 42）年度の「児童・生徒の心身障害に関する調査報告書」においては、情緒障害児の類型として①登校拒否の疑い、②神経症の疑い、③緘黙の疑い、④自閉症の疑い、⑤脳の器質的障害の疑い、⑥その他の 6 つが示されています。情緒障害児特殊学級（平成 18 年の学校教育法一部改正の前の説明であるのであえて用いた）の設置は当初、情緒障害児短期治療施設での設置（昭和 37 年）に始まり、その後に病院や学校に広がるという経過をたどりました。

　学校に情緒障害児学級が設置されたのは 1969（昭和 44）年であり、その対象は、①緘黙の疑いのある者、②自閉症の疑いのある者、③精神病の疑いのある者、④その他様々な行動異常がある者とされていました。日本の情緒障害児教育の開始時期が「自閉症」の原因論の転換の時期より早く開始されたために、「自閉症」教育は、当時の心理療法的アプローチが重視された情緒障害児教育の下で展開されることになります。

　1970 年代の中頃になると情緒障害児特殊学級の児童生徒の過半数が「自閉症の疑いのある者」となる状況となり、情緒障害児教育における自閉症教育の重要性が増す時代に入ってきます。この傾向の中で、2002（平成 14）年

5月に出された「障害のある児童生徒の就学について（第291号初等中等教育局長通知）」において、情緒障害者を「自閉症又はそれに類するもの」と「主として心理的な要因による選択性かん黙等」の2つのカテゴリーへの分類方針が示され、2006（平成18）年3月の学校教育法施行規則（通級による指導に関連）の一部改正に至りました。

(2)「自立活動」の内容の改訂と「自閉症」教育

　学校教育法第72条には、5つの障害種（視、聴、知、肢、病）に対して「準ずる教育」を施し、「障害による学習上又は生活上の困難を克服するために必要な知識技能」を授けることが特別支援学校の教育の目的であることが述べられています。この2つめの目的を達成するために教育課程に設定された領域が「自立活動」です。この領域は、1971（昭和46）年〜1998（平成10）年までは「養護・訓練」とよばれ、1999年より現在の「自立活動」名称が変更されました。この名称が変更された時期は、5区分（健康の保持、心理的な安定、環境の把握、身体の動き、コミュニケーション）の下に22項目から構成されていました。次の学習指導要領の改訂に際し（2009年）、「他者とのかかわりの基礎に関すること」、「他者の意図や感情の理解に関すること」、「自己の理解と行動の調整に関すること」、「集団への参加の基礎に関すること」、「感覚や認知の特性への対応に関すること」の5項目の追加と「対人関係の基礎に関すること」の項目の削除が行われ、新たに「人間関係の形成」の区分が追加されることで、6区分26項目の構成となりました。新設された項目と区分を見ると特別支援教育において「自閉症」教育への関心が明確になったことが理解できます。また2018（平成30）年の改訂においては、新たに「障害の特性の理解と生活環境の調整に関すること」が追加され、項目の区分における配置の調整が行われ6区分27項目の構成となりました。このような改訂により、「自閉症」を中心とする発達障害の幼児・児童・生徒への取り組みが行いやすいような枠組みが提示されました。

(3) 特別支援教育における ASD 教育の課題

　ASD 教育方法論の開発および展開は、「自閉症」の原因論の変遷により大

きく影響を受けてきたといえますが、現在では純粋な心因性の情緒障害ではない発達障害としての位置づけが明確となってきました。特別支援教育体制へのスタートとなった文部科学省の「21世紀の特殊教育の在り方について（最終報告）」[18]を見ると「自閉症」と心因性の情緒障害のそれぞれに対して特性に応じた教育的対応の検討の必要性や知的障害と「自閉症」を併せ有する児童生徒の対応の必要性が述べられています。前者は、先に述べた学校教育法施行規則の一部改正（第140条）によりその取り組みの方向性が示されました。後者の知的障害をもつASDの教育方法・教育内容に関する問題は、これらに取り組もうとする試みもなされてきたものの[15] [16] [19]、各支援学校で行われている教育実践は、学校間、教員間に大きな格差が残されている状態であり、改良の余地が大きく残されているといえます。

　さらに今後取り組みを強化しなければならない問題として「自閉症」（ASD）を併せ有する児童生徒の行動上の問題（行動障害）への対応があります。この問題は、障害者福祉の世界では「強度行動障害支援事業」を皮切りとして全国的に取り組まれてきましたが、行動障害が重篤になるといわれている学齢期の教育を担う学校教育の世界では、統一した取り組みが行われていない状況が続いています。もし、このようなプログラムが学校教育の担当者に提供されるならば、多くの付随した問題を解決する一歩になると思います。

　また、特別支援教育に携わる教師の専門性の向上の問題も大きな課題と言えるでしょう。特別支援教育体制に移行（2007年）してからの傾向の1つは、自閉症・情緒学級の学級と在籍数の増加です。このことは、現在の校種による免許制度のために生じている問題です。このことによりASDを指導するための知識や技術を持たない特別支援学級や通級指導教室の担任がASDの幼児児童生徒に直面して、相互に困惑している事例が急増する可能性を示しています。充実した「自閉症」・ASD教育を作り上げていくためには、すべての学校に「自閉症」・ASDの子どもたちがいることを前提として教師の専門性を高める必要があります。

引用・参考文献 ————————————————————————————————

1) Kanner, L. (1943) Autistic disturbances of affective contact. *Nervous Child*, 2, 217–250.

2) Asperger, H. (1944) Die "Autistischen Psychopathen" im Kindesalter. *Archiv für psychiatrie und Nervenkrankheiten*, 117, 76–136.（ウタ・フリス［編著］富田真紀［訳］『自閉症とアスペルガー症候群』東京書籍、1996 年、83–178 頁に翻訳が収録）

3) Wing, L. (1981) Asperger's syndrome: A clinical account. *Psychological Medicine*, 11, 115–129.

4) Wing, L. (1996) The Autistic Spectrum: A Guide for Parents and Professionals. London: Constable.（久保紘章・佐々木正美・清水康夫［監訳］『自閉症スペクトル——親と専門家のためのガイドブック』東京書籍、1998 年）

5) Rutter, M., Bartak, L., & Newman, S. (1971) Autism: A central disorder of cognition and Language? In M. Rutter (Ed.), *Infantile autism: Concepts, characteristics, and Treatment*, 148–171, London: Churchill Livingstone.

6) Baron-Cohen, S., Leslie, A. M., & Frith, U. (1985) Dose the autistic child have a "theory of mind"? *Cognition*, 21, 37–46.

7) Hobson, R. P. (1986) The autistic child's appraisal of expressions of emotion. *Journal of Child Psychology and Psychiatry*, 27, 321–342.

8) Marco Iacoboni (2008) *Mirroring People: The New Science of How We Connect with Others*. New York: Farrar, Straus & Giroux.（塩原通緒［訳］『ミラーニューロンの発見』早川書房、2009 年）

9) 榊原洋一（2007）『脳科学と発達障害——ここまでわかったそのメカニズム』中央法規出版。

10) American Psychiatric Association (2000) *Diagnostic and Statistical Manual of Mental Disorders Fourth Edition Text Revision*.（髙橋三郎・大野裕・染矢俊幸［訳］『DSM–Ⅳ–TR 精神疾患の診断・統計マニュアル新訂版』医学書院、2004 年）

11) American Psychiatric Association (2013) *Diagnostic and Statistical Manual of Mental Disorders, Fifth Edition: DSM–5*.（髙橋三郎・大野裕［監訳］『DSM–5 精神疾患の診断・統計マニュアル』医学書院、2014 年）

12) 特別支援教育の在り方に関する調査研究協力者会議（2003）「今後の特別支援教育の在り方について（最終報告）」文部科学省。

13) Delacato, C. H. (1974) *The Ultimate Stranger: The Autistic Child*. New York, NY: Doubleday.（阿部秀雄［訳］『さいはての異邦人——いま自閉の謎を解く』風媒社、1981 年）

14) 小林重雄（1980）『自閉症——その治療教育システム』岩崎学術出版社。

15) 国立特殊教育総合研究所（2004）『自閉症教育実践ガイドブック——今の充実と明日への展望』ジアース教育新社。

16) 国立特殊教育総合研究所（2005）『自閉症教育実践ケースブック——より確かな指導の追究』ジアース教育新社。

17) Frith, U. (1989) *Autism: Explaining the enigma*. Oxford: Basil Blackwell.（冨田真紀・清水康夫［訳］『自閉症の謎を解き明かす』東京書籍、1991 年）

18）21 世紀の特殊教育の在り方に関する調査協力者会議（2001）『21 世紀の特殊教育の在り方について（最終報告）』文部科学省。

19）国立特別支援教育総合研究所（2008）『自閉症教育実践マスターブック――キーポイントが未来をひらく』ジアース教育新社。

・文部省（1978）『特殊教育百年史』。

（肥後祥治）

第 2 章

自閉スペクトラム症教育の
指導法の変遷と現在

　本章では、自閉スペクトラム症（以下 ASD）の理解の変化と共に、教育の考え方や指導法の変化を学びます。ASD の教育・指導法は、1943 年のカナー（L. Kanner）[1] による報告から約 80 年の間に大きく変化し、最近では、「構造化」を代表とした教育・指導法の普及に伴い、ASD のある人の問題となる行動の減少や、コミュニケーション能力の向上などが報告されています。

1 2000 年頃までの教育・指導法の変遷

　1960 年代までの ASD は、虐待などの環境に起因する後天的な情緒障害と状態像が似ていることから、「親の育て方の問題」という間違った考え方が主流の時期でした。そのため、精神分析や遊戯療法などが用いられ、母子関係の改善と生活習慣（生活スキル）の形成などの対応が中心でした。

　しかし 1970 年頃から ASD の教育・指導法に大転換期が訪れます。つまり、課題学習や行動療法的なアプローチ、社会適応能力が重視される教育・指導法へ変化しました。特に、ASD のある人が分かりやすい環境を整える「構造化」は ASD の教育・指導方法に大きな効果があっただけではなく、障害者全体の支援観を自主性、主体性中心に変革させたといっても過言ではありません。本節では、このような指導法の変遷について説明します。

(1) 1970 年頃までの教育・指導法の変遷

　ASD の指導法の変遷は 1970 年代に大きな転換期を迎えます。親による不適切な育て方の問題ではなく、あくまでも ASD のある本人に向けた療育や

教育の可能性が重視されるようになりました。

1）本人や親への心理治療的働きかけ

ASD が示す行動は、虐待などの明らかな原因により、後天的に適応障害などを患った人が示す行動と似た傾向があったため、少なくとも 1960 年以前は、ASD を発症させる主な原因は後天的な精神的、心理的問題（例えば親の育て方の問題）であるという考え方が残っていました。そのため、「両親に対する心理治療的働きかけ」（ズレク [S. A. Szurek] とバーリン [I. N. Berlin]）[2] [3] や「本人に対するセラプレイ（治療的遊戯）」（ブルーナー [J. S. Bruner]）[4] など、様々な心理療法が試みられました。しかし 1970 年前後には、効果がみられないことが指摘されるに至りました。

2）教育の可能性の芽生え

1970 年頃は心理治療的な働きかけに加えて、行動療法や遊戯療法、さらには薬物療法なども散見されます。このことは、確固とした治療や教育の方針が定まらなかったことを意味します。しかし、同時に様々な、あるいは極端な治療や教育の方針が検討されることで、ASD のある人の様々な実態に合わせた実践がされるため、徐々にそれぞれの教育・指導法がより良い内容へとまとめられていきました。その結果、ASD のある人が治療や教育によって状態が改善することが明らかになっていきます。シャピロー（T. Shapiro）が「教育と治療が結合した中で、『ASD にとって最善の治療は教育であり、最善の教育は治療である』と言い得るであろう」[5] と述べているように、1970 年代には、ASD のある本人に向けた療育や教育を重視するようになりました。

(2) 1970 年〜 1980 年頃の教育・指導法の変遷

1980 年頃までに、ASD の指導法は、認知機能を補い、日常生活動作やコミュニケーションなどのスキルを学習する療育や教育が中心になりました。

1）脳の器質的な障害であることを根拠とした教育・指導法

1970 年以降、ASD は、知的障害を伴うケースが半数近くあることや、てんかんの有病率などから脳の器質的な障害であるというとらえ方が主流になってきました。中でもラター（M. Rutter）は大規模な疫学調査を行うなど

して、後天的な精神的、心理的な問題（例えば親の育て方の問題）を否定する
ことに貢献しました[6]。

　その結果、ASDへの教育・指導法は、認知機能を補い、日常生活動作や
コミュニケーションなどのスキルを学習する療育や教育へ移りました。具体
的には応用行動分析（ABA: Applied Behavior Analysis）[7]や、TEACCHプログ
ラム（TEACCH: Treatment and Education of Autistic and rerated Communication
Handicapped Children）[8]、インリアル・アプローチ（INREAL: Inter Reactive
Learning and communication）[9]などが開発され、日本にも広く紹介されました。

2）療育や教育への親の参画──ロバースらによる行動療法と治療者としての親

　親を治療や支援の対象から、共同の治療者、療育者としての位置づけに導
いた指導方法の1つにロバース（O. I. Lovaas）らによる行動療法がありま
す[10]。先述の応用行動分析などの基盤である行動療法は、ワトソン（J. B.
Watson）によって系統立てられ[11]、スキナー（B. F. Skinner）が公式化したと
される指導法です[12]。ロバースらは、ASDに行動療法を用いて得られた効
果を評定した研究を発表しました（表2-1）。その際、行動療法を実施する
ように訓練された親の子どもは改善が続きましたが、訓練を受けずに、施設
や親の所へ戻った子どもは退行することがあったという研究結果を示しまし
た。

　これらのデータに基づいて、ロバースらは、療育や教育の専門的な機関で

表2-1　ASDと行動療法

対象ASDの状態	20名の発達の遅れが著しい子ども
3つの主な問題点	(1) 治療効果はしばしばその特定な状況のみ観察され、治療場面から他への般化は限られていた。 (2) 治療後1～4年後の追跡測定は、治療後の環境によって非常な差異を示した。（ロバースらの訓練を受けて）親の元へ戻った子どもたちは、治療後の状態を維持しているか、またはもっと良くなっていた。 (3) ただし親に訓練を受けさせることで、しばしば、治療が進むのが遅くなる。そして、熱心でよく訓練された大勢のスタッフにしかできないような多大な努力が、親にとって必要だった。

出典：文献10）。

の行動療法による治療に重きをおかないことに決めました。ASD のある子どもたちが、専門的な機関内での治療で改善を示したとしても、その改善は限定的で、治療場面外では、その改善を維持すらできなかったからです。そこで、親を子どもの治療者として位置づけ、親の訓練に力を入れていくようになりました。現在では主流となっている親と専門家との連携、協力によるアプローチ方法は、ロバースらの功績と言うことができます。

　なおロバースらは、「治療契約」として、親が明確に行動療法の技法を学び、実行するために、親に対して法的な契約をしたとされています。これは、ASD のある子どもをもつ親にとっては多大な負担になることもあり、夫婦間や兄弟への育児に課題が出ることもありました。同じ行動療法を学び、同じように親を共同治療者と位置づけたエリック・ショプラー（E. Schopler）らがノースカロライナ州で実施した TEACCH プログラムとは一線を画すものでした[13] [14]。「ロバース法」とも呼ばれるこの方法は、様々なかたちに改善されながら、現在でも早期の療育を中心に実践されています。

3）構造化中心の教育・指導法

　構造化（Structure）による指導が効果的であることは、すでに 1970 年代には実証されつつありましたが[15] [16]、それを体系的に発展させたのがエリック・ショプラーらによる TEACCH プログラムです。

　構造化には、「全体より部分の認知に強い」、「聴覚情報処理よりも視覚情報処理の方が強い」という特性を理解して、適切な配慮や工夫をするという具体的な指導法の理念があります。この指導法により、ASD のある人の支援には欠かせない、行動問題のリスクに備えるための予防的な対応が可能になります。つまり、ASD のある人が捉えている構造（意味と見通し）が、周囲の人たちが捉えている構造と、はずれている場合に「この場面ではこういう構造をくみ取ってほしい」ということを、ASD のある人に伝える方法が、構造（明確）化、特に視覚的構造（明確）化ということができます[17] [18] [19]。

1. 場所を構造化する
   〈エリア毎に場面と活動を一致させて「どこで」を伝える〉
2. 時間を構造化する
   〈スケジュール等を使って「いつ」を伝える〉

3. 活動を構造化する

〈ワークシステム等を使って「何を、どのように」を伝える〉

4. 流れを構造化する

〈ルーティン等を使って先の見通しの理解を助ける〉

5. 課題を構造化する

〈指示書等を使って視覚的に分かりやすく伝える〉

(3) 1990年～ 2000年頃のTEACCHプログラムに代表される構造化に基づいた指導

1990年代はTEACCHプログラムが中心になってASDの教育・指導法が進められました。このプログラムは、Treatment and Education of Autistic and related Communication handicapped Children「自閉症及び関連するコミュニケーション障害の子どもたちのための治療と教育」で、米国ノースカロライナ州立大学のE・ショプラー、G・メジボフ（G. Mesibov）らによって開発され、ノースカロライナ州のプログラムとして実行されている一貫性と継続性のある支援体制です。ASDの人たちの感じ方や見方を尊重して、視覚的に分かりやすい環境を整えること（構造化）を中心に、教育や支援の成果を上げようとすることに特徴があります。

1982年夏に佐々木正美氏（故人）が訪米し、TEACCHプログラムを訪問したのが日本への普及の足掛かりになりました。佐々木（2004）は、「受容的遊戯療法や学習理論に基づく単純な行動療法に限界を感じ、統合教育に新たな活路を見いだそうと苦慮していた私たちには、視覚的構造化という言葉とともに、実際の場面と講義で示された教育成果の実態の見聞は新鮮な驚きであった」と述べています[20]。

TEACCHプログラムは、ASD支援の「教科書」として、今でも世界中の国々で参考にされています。

2　2000年以降の我が国における教育・指導法の変遷

ここからは、2000年以降の我が国における教育・指導法の変遷を中心に

学びます。「21世紀の特殊教育の在り方」（2001）や、国立特別支援教育総合研究所（旧国立特殊教育総合研究所）によるいくつかの研究報告では、知的障害を伴うASDについては、「知的障害」を主とするのではなく、「ASD」を主とした教育・指導法への変革が示されました[21] [22]。

　つまりASDの特性に応じた指導内容、指導方法、教育環境を整えることが明示されたのです。本節では、同研究所による研究で示された学習を支える学びである「自閉症教育の7つのキーポイント」や、「特性の理解と活用」などを例示しながら、具体的な教育・指導法の変遷について学びます。

(1)「21世紀の特殊教育の在り方について」

　特殊教育（現在の特別支援教育）を取り巻く最近の動向を踏まえ、21世紀の特殊教育の在り方について幅広く検討したものが2001（平成13）年の「21世紀の特殊教育の在り方について」です[21]。社会のノーマライゼーションの進展、障害の重度・重複化や多様化、教育の地方分権の推進など特殊教育をめぐる状況の変化を踏まえ、今後の特殊教育の在り方についての基本的な考え方を整理しています。

1）知的障害養護学校におけるASDの教育的対応

　また、この報告書では、ASDのある児童生徒への教育的対応について、「知的障害を伴う自閉症児については、知的障害養護学校等でこれまで培われた実践により、卒業後の望ましい社会参加を実現している例も多いが、知的障害教育の内容や方法だけでは適切な指導がなされない場合もあり、知的障害と自閉症を併せ有する児童生徒等に対し、この2つの障害の違いを考慮しつつ、障害の特性に応じた対応について今後も研究が必要である」とされました。つまり、これまでの知的障害養護学校におけるASDの教育的対応が知的障害を基盤とした内容や方法だけでは不十分であり、ASDの特性に対応した指導法を明らかにすることが強調されました。

2）知的障害を伴わないASDの教育的対応

　さらに、「知的障害を伴わない自閉症である高機能自閉症児などの通常の学校に在籍する児童生徒等については、高機能自閉症児等への教育的対応に関する調査研究を行い、判断基準等について明らかにするとともに、効果的

な指導方法や指導の場、形態等について検討することが必要である」とされ、特に、「高機能自閉症児への教育は、かん黙や習癖の異常などのいわゆる情緒障害児と同様に情緒障害教育の対象として主に情緒障害特殊学級等において行われており、高機能自閉症児への教育と心因性の情緒障害児への教育の違いを考慮しつつ、両者に対する教育的対応の在り方を見直していく必要がある」と明言されました。このように、ASD 教育に対してかなり踏み込んだ指摘が多く、我が国の ASD 教育における指導方法や内容の大きな転換は、この報告書が出発点です。

(2) 国立特別支援教育総合研究所による研究など

　「21 世紀の特殊教育のあり方」による提言に応じて、国立特別支援教育総合研究所（旧国立特殊教育総合研究所）により「自閉症に関する研究」が行われました（表 2-4）。

1) いくつかの研究の概要

　当時の知的障害養護学校（現在の特別支援学校［知的障害］）では、特に自閉症を併せ有する児童生徒の割合が増加傾向にありました。そこで、知的障害養護学校に在籍する自閉症を併せ有する児童生徒に対象を絞って、よりよ

表 2-4　国立特別支援教育総合研究所（旧国立特殊教育総合研究所）における自閉症に関する研究（2000 年代）

期間	研究	内容
2003 ～ 2005（平成 15 ～ 17）年	養護学校等における自閉症を併せ有する幼児児童生徒の特性に応じた教育的支援に関する研究	(1) 自閉症とは (2) 自閉症の子どもの教育内容・方法 (3) 学校教育に期待すること
2006 ～ 2007（平成 18 ～ 19）年	特別支援学校における自閉症の特性に応じた指導パッケージの開発研究 ～総合的アセスメント方法及びキーポイントとなる指導内容の特定を中心に～	(1) 自閉症の特性に応じた教育 (2) 学校全体で自閉症教育に取り組むためのチェックリスト (3) 学びを促進するための特性の理解と活用 (4) 自閉症教育のキーポイント (5) 授業の評価・改善シート (6) 自閉症の特性に応じた教育課程と学校教育

出典：著者作成。

い教育的支援を展開するために、自閉症の特性に応じた指導内容や指導法の開発、学校・学級環境の整備を重要な課題とする研究が進められました。

この研究は、表2-4に示す連続する2つの研究で実施され、3つの報告書・書籍にまとめられ、全国に広く頒布されています[23) 24) 25)]。

これらの研究の基本方針として、「ASDに対応する教育内容・方法は、知的障害教育の1つのバリエーションではなく、ASD独自の教育内容・方法の開発に取り組む」があります。

1990年代には、すでに知的障害のあるASDの児童生徒の多くは、特別支援学校（知的障害）に在籍していました。現在では、特に小学部で50％以上の在籍率である特別支援学校が多くありますが、1990年代にも在籍率が50％に迫る状態でした。しかし多くの特別支援学校（知的障害）では、知的障害のある児童生徒のために準備された教育内容・方法を基本としていました。そこでは、「自閉症と知的障害は全く異なる障害であり、知的障害の一つのバリエーションとして対応すべきではないという視点から、指導内容・方法を検討し、集団場面での『自発性』や、『創造性』を重視した指導の方法は、自閉症のある児童生徒には適切でない」とされています。その理由として、「アンバランスな認知発達」と「3つ組の症状（こだわり、コミュニケーション、社会性）」や「感覚・知覚の過敏性」などが組み合わされ、一人一人の状態像が異なり、それぞれの学習が成立するための手だてが多様になることが、挙げられています[24)]。また、ASDの特性として、「自発性」や「創造性」を重視する授業の展開は苦手な場合があり、学習活動は見通しおよび課題が明確で、具体的であることが必要なため、集団における学び合い等に重点をおいた授業ではなく、まずは個別の目標に取り組む授業を基本することが必要だとしています。言い換えれば、ASDのある児童生徒の個々のニーズは多様であり、そのニーズに応じた「個別の取り組み」が重要であり、特に小学校段階の低学年の場合には、可能であれば1対1の個別の課題学習の時間を設定することが望ましいとされています。

（3）ASDの特性に応じた教育の充実

ここでは、自閉症に特化した指導内容、指導法、環境整備などの在り方に

関する最終的な報告書としてまとめられた『自閉症教育実践マスターブック』[25]を紹介します。自閉症教育の7つのキーポイントを中心に特別支援学校（知的障害）における活用例が掲載されていて、そのエッセンスや紹介されている指導内容、指導方法、自閉症の特性に応じた教育課程は、小・中学校等においても応用できるものとなっています。

1）自閉症教育における学習の基本構造

研究成果として、ASDの特性を踏まえて、その教育内容・方法・環境整備を検討する際に、「自閉症教育における学習の基本構造」を手がかりとして、その教育内容・方法を考えることが提案されました（第3章図3-1参照）。

2）自閉症の特性に応じた指導内容とキーポイント

『自閉症教育実践マスターブック』では、ASD教育の指導内容のエッセンスとして「自閉症教育のキーポイント」が提案されました。これは、ASDのある児童生徒にとって、①指導者が適切に教えることがなければ、自然に習得することがない内容、②習得することで自立と社会参加など全般に広範な利益をもたらす諸行動、と位置づけられています。具体的には、「学習態勢」「注視物の選択」等の項目で整理されています[26]。これは、「自閉症教育における学習の基本構造」（第3章図3-2）でみると、「学習を支える学び」の部分に該当します。一般的な学習内容を適切に学ぶための基本となる行動であり、「学習することを学ぶ」こと、「学習することを可能とする」ためのスキルの習得のための指標となります[27]。

3）学習指導要領の改訂

平成21年に公示された特別支援学校の新しい学習指導要領等で、従来の自立活動の5区分に加えて、新たな区分として「人間関係の形成」が設けられました。この自立活動の内容として、表2-5に示すように「他者とのかかわり」「他者の意図や感情の理解」「自己理解と行動の調整」「集団への参加」「感覚や認知の特性への対応」などに関する

表2-5　「人間関係の形成」の内容項目

① 他者とのかかわりの基礎に関すること
② 他者の意図や感情の理解に関すること
③ 自己理解と行動の調整に関すること
④ 集団への参加の基礎に関すること
⑤ 感覚や認知の特性への対応に関すること
　＊「感覚や認知の特性への対応に関すること」の項目が「環境の把握」に追加される

ことが盛り込まれました。これは、すべての障害に対応した項目として考えられていますが、特に ASD、LD（学習障害）、ADHD（注意欠如多動症）の場合において、これらの項目が指導を一層充実させるために重要になると考えられます。自立活動の新たな位置づけとして、ASD の特性に応じた自立活動の指導内容を踏まえ、それを実際の指導でいかに位置づけ、指導実践を積み重ねていくことが求められていると言えるでしょう。

（4）国立特別支援教育総合研究所による研究からの発展

齊藤（2022）[28] は、2000 年頃に実施された ASD の教育に関する研究を踏まえて、その知見を発展させてきました。ここでは、そのいくつかを紹介します。

1）学習の基本構造・令和版

齊藤（2022）は、国立特別支援教育総合研究所の研究を手がかりに、図2-1 のように四層からなる「学習の基本構造・令和版」を提案しています。

底辺になる第一層に、「環境調整、構造化」があります。この取り組みは、ASD 対応の基本として当然の工夫となりつつあり、療育・教育・作業環境の整備をすることで、ASD のある人の行動問題等のリスクを回避することができます。「構造化」については、見通しを持って活動することは誰にで

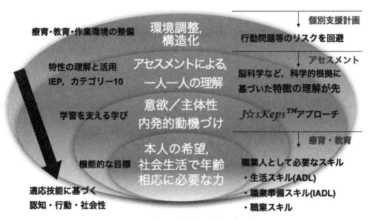

図2-1　学習の基本構造・令和版

出典：文献 29)。

も必要なことでありますが、ASD の子どもは普通の環境では見通しが持ちにくく、そのために、場や時間、手順などについて分かりやすい構造を作り、見通しを持ち自立的に行動できるようにすることが大切になります。個々の子どもに分かりやすくするため、個に応じた構造化、実態により変化する構造化が必要となります。

　第二層に、「アセスメントによる一人一人の理解」があります。「理解が先」という言葉に代表されるように、ASD のある人の一人一人の特性を、脳科学など、科学的根拠に基づいたアセスメントをとおして、家族や支援者が理解を進めることが大切です。

　ASD の強い認知特性を活用した指導法や苦手なところを補う支援法が見つかっています。例えば、有効な学習として、動作性知能の優位性から動作を伴う学習や視覚的情報処理の優位性から視覚的支援のある学習、機械的記憶の優位性から一定のパターンがある学習が考えられます。また、さまざまな感覚過敏性や言語理解の弱さから、整理された環境で口うるさく指示しない「静かな指導（ジェントル・ティーチング）」や、時間や聴覚的処理など情報処理の苦手さから「見えないものを顕在化する教材・教具」も有効です。学習集団についても、個別学習が必要かつ効果的なことから、集団ありきではなく、個別学習を基点に集団での学習のバランスをとることが求められます。さらに、ASD の子どもに限らないことですが、環境も含めた総合的なアセスメントに基づく指導、個別の指導計画を核に PDCA サイクルの徹底、課題分析、ABC 分析、できる状況づくりとしての先行的手がかりの調整手続きなどの応用行動分析の活用も必要になります。自閉症の特性に応じた指導を展開していく際には、「どのようにすれば学習内容をより効果的に学ぶことができるのか」に加えて、「自閉症の特性を踏まえた学習内容の適切な選択」の検討が必要となります。

　第三層が、「意欲／主体性、内発的動機づけ」です。これは「学習を支える学び」（キーポイント）で、詳細は後述します。

　一番上にある第四層が、「本人の希望、社会生活で年齢相応に必要な力」です。「一般的な学習内容」から「機能的な目標（Functional Skill）」へと具体化したものです。生活スキル（ADL: Activity Daily Living）を含む職業準備

スキルや職業スキル、適応のための技能習得に基づく「認知、行動、社会性」の学習内容です。

2）キーポイント(J☆sKeps)

ASD 教育の指導内容のエッセンスとしての「自閉症教育のキーポイント」を手がかりに、齊藤（2022）は ASD 教育における「キーポイント（J☆sKeps: Japanese Seven Key Points）」を提案しています[28]。図 2-2 にその概要を示しました。J☆sKeps は子どもたちが多くのことを学ぶための基礎であり、中核であるポイントをまとめたものです。臨床場面をビデオ分析し、各場面での「ねらい（目標）」を複数名の特別支援教育関係の研究者や教員で明文化したものです。図 2-2 の①から⑦までの 7 つのキーポイントから構成され、それらは「主体性」を冠にして「行動管理」「コミュニケーション」「模倣」「認知」の 5 つのまとまりに区分されています。

この J☆sKeps は、図 2-1 に示したとおり「学習の基本構造・令和版」の第三層の「意欲／主体性、内発的動機づけ」に位置付けられています。

まずは、J☆sKeps の視点で、学校で展開されているすべての授業を検討

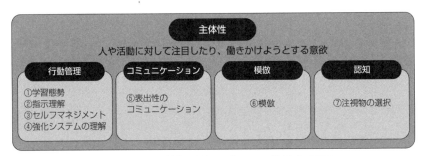

図 2-2　ASD 支援のための J☆sKeps 教育プログラム

出典：文献 28）。

し直すことが重要と考えられます。これらの行動は、通常であれば経験を積み重ねる中で自然に身につくものであり、ASD の場合にはその障害特性が原因となり、積み重ねが難しい行動になります。

　また、授業を踏まえて、障害特性に応じた指導内容を考えた場合に、障害に基づく種々の困難さを扱う領域に自立活動があります。ASD のある子どもの学ぶことの難しさを踏まえると、「他者とのかかわり」「集団への参加」などの基礎につながる J ☆ sKeps の行動を、自立活動の内容として検討することは不可欠なことです。この自立活動の重要な目標および内容が、J ☆ sKeps であり ASD 教育のエッセンスと考えられます。

3）特性を踏まえた学習形態

　国立特別支援教育総合研究所の研究では、ASD の特性に応じた授業として①指導内容・方法の「個別化」、②効果的な指導の形態である「個人別の課題学習」についての指摘がありました。報告書の１つである『自閉症教育実践マスターブック』では、教育課程に関して「個人別の課題学習」を提案し、表２-７のように３つのことを理由に挙げました。

　「個人別の課題学習」は各教科等を合わせた指導です。つまり、その指導内容については各教科等の内容が主たる内容となります。この「個人別の課題学習」については、「個別の課題学習」だけでなく、「小グループでの学習」、「集団での学習」といくつかのタイプが想定されます。これらの学習において、個々の児童生徒の指導目標・内容の一貫性やつながりをどう把握するか、共通性が確保されることが重要となります。

表２-７　個人別の課題学習に関する提言

1. 知的障害を伴う ASD のある児童生徒とは、「ASD を伴う知的障害」ではなく、「知的障害を伴う ASD」であり、ASD と知的障害とはその特性は明確に異なること、そして ASD の特性は、知的発達の程度にかかわらず共通のものがあり、その教育の基本原理を明確にする必要がある。
2. 集団活動を前提とした学習場面において個別化を図る方法よりは、一人一人の特性に対応した目標を明確にした上で、個別化した学習を基本とする方法が効果的である。
3. 個別学習を積み上げて、それを小グループ、集団での活動に生かせるように指導を展開し、それぞれの指導をつなぐ視点がポイントである。

出典：文献25）。

現在では、表2-7で示した提言が生かされ、多くの知的障害特別支援学校で個人別の課題学習が行われています。

③　知的障害を伴わない ASD などへの これからの教育・指導法

　ここでは、知的障害を伴わない ASD をはじめ、発達に凸凹のある子どもたちの特性を踏まえた教育・指導法について、個別指導、集団指導、環境調整の工夫（構造化）などについて、具体的に学びながら、これからの ASD の教育・指導法に関する課題について考えます。

(1) 知的障害を伴わない ASD、LD

1) カナータイプとアスペルガータイプ、ASD と LD

　1980 年代に入ると、ウィング（L. Wing）[29] により紹介されたアスペルガータイプと呼ばれる知的障害を伴わない ASD がおおよそ半数を占めるということが認識されるようになりました。ASD であっても言語や認知の遅れがみられない場合もあることが指摘されるようになったのです。また、カーク（Kirk）[30] により紹介された LD（Learning Disabilities）の概念の広がりにより、ASD が認知や言語の遅れだけでは説明できない「社会性」の課題などの特徴があることが指摘されました。社会性とは一般的に、人間関係を形成し、円滑に維持するための社会生活を送る上で欠かせない特質であり、自己・他者理解に加えて、関係を形成していく社会的スキルを含むものと考えられます。

2)「社会性」へのアプローチ

　1980 年代からは「社会性」の課題に対する研究が注目されるようになりました。バロン・コーエン（Baron-Cohen）、ウタ・フリス（U. Frith）ら[31] の「心の理論」障害仮説が有名です。ここでは、ASD がある人が、目には見えない他人の心理状態などを推察することが難しい障害があることを示しました。これ以降、「心の理論」などの ASD の「社会性」への課題意識が高まりました。例えば認知行動療法で用いられる「ソーシャルスキルトレーニング

「SST）」や、キャロル・グレイ（C. Grey）による「ソーシャル・ストーリーズ」[32] などの方法論です。これまで行われていた「ABA（応用行動分析）」や「TEACCH プログラム」を土台にしながら、「社会性」へのアプローチに関する指導法が次々と生み出されてきたのです。

3）共同注意と心的、内的状況を内包するコミュニケーション

人の意図を理解して、つながりを形成することは、「社会性」に課題のあるASDのある人の教育の中心課題であり、ASDの本質に繋がるものです。この人とのつながりの基礎になるのが3項関係といわれる「自己―他者―対象」という3者の関係です。大神[33] は、乳幼児の発達研究をとおして、ASDの初期兆候として、①共同注意の未形成、②初期言語の獲得、③運動・姿勢の定型発達、の3条件を挙げています。共同注意の研究は、様々な協議を経て、ケーゲル（R. L. Koegel & L. K. Koegel）ら[34] が自然な文脈の中で行動分析の手法を用いて共同注意行動の獲得を目指すPRT（Pivotal Response Treatments）や、我が国では森崎[35] などが動作法を用いてASDのある子どもへの共同注意の成立を目指したアプローチを報告しています。

4）ASDへの脳神経科学的アプローチと指導法

2010年代に入ると、脳神経科学の発展により、ASDへの脳神経科学的なアプローチが可能になってきました。例えば、発達障害のある人の脳の特徴の1つに報酬系ネットワークに課題があることが報告されてきました。報酬系とは、欲求が満たされたとき、満たされることが分かったときに活性化し、その個体（人）に快の感覚を与える神経系のことです。この報酬系神経系の働きがうまく行かないと、短期的な欲求が抑えられなくなったり、先の報酬を予測して学習や活動に取り組んだりすることが難しいことがあります。これからは、脳神経科学の発展を科学的に捉えながら、実際の療育や教育などの指導法に変えていくことが、現代におけるASDへの指導で、とても大切な視点だと考えています。

＊　　　＊

本章では、ASD教育の指導法の変遷から現在までの概要をまとめてきました。過去の研究、実践の積み重ねが、現在のASD教育に大きく貢献して

いることは言うまでもありません。今後も、ASD の指導法には様々なアプローチが提案されることでしょう。そこでは、構造化をはじめとする ASD の特性に応じた支援「環境の整備」や「学習を支える学び」の現場への浸透をさらにすすめながら、主体性を発揮しつつ自立するための「身に付けるべき力」を明らかにしていくことが大切だと考えています。教育では特に、指導内容のさらなる研究が必要です。

引用文献 ───────────────────────────────

1) Kanner, L. (1943) Autistic disturbances of affective contact. *Nervous Child*, 2, 217–250.

2) Szurek, S. A. & Berlin, I. N. (1956) Elements of psychotherapeutics with the schizophrenic child and his parents. *Psychiatry*, 19, 1–9.

3) Szurek, S. A. & Berlin, I. N. (Eds.) (1973) *Clinical Studies in Childhood Psychoses*. New York: Brunner/Mazel,Inc.

4) Bruner, J. S. (1976) Nature and use of immaturity. In J. S. Bruner, A. Jolly & K. Sylva (Eds.), *Play: Its Role in Development and Evolution*. New York: Basic Books.

5) Shapiro, T. (1978) Therapy with autistic children. In M. Rutter & E. Schoper (Eds.), *Autism: A Reappraisal of Concepts and Treatment*. New York: Plenum. (『自閉症──その概念と治療に関する再検討〈精神医学選書 8〉』丸井文男［監訳］、黎明書房、2006 年)

6) Rutter, M. (1971) *Psychiatry*. In J. Wortis (Ed.), *Mental Retardation: An Annual Review (Vol. III)* (pp.186–221). New York: Grune & Stratton.

7) 加藤哲文・山本淳一（著）小林重雄（監修）(1997)『応用行動分析学入門──障害児者のコミュニケーション行動の実現を目指す』学苑社。

8) E. ショプラー・佐々木正美（監修）(1990)『自閉症の療育者── TEACCH プログラムの教育研修』財団法人神奈川県児童医療福祉財団。

9) 竹田契一・里見恵子 (1994)『インリアル・アプローチ──子どもとの豊かなコミュニケーションを築く』日本文化科学社。

10) Lovaas, O. I., Koegel, R. L., Simmons, J. Q., & Long, J. (1973) Some generalization and follow-up measures on autistic children in behavior therapy. *Journal of Applied Behavior Analysis*, 6, 131–166.

11) Watson, J. B. (1914) *Behavior: An Introduction to Comparative Psychology*. New York: Henry Holt.

12) Skinner, B. F. (1953) *Science and Human Behavior*. New York: Macmillan.

13) Schopler, E. & Reichler, R. J. (1971) Parents as co-therapists in the treatment of psychotic children. *Journal of Autism and Childhood Schizophrenia*, 1, 87–102.

14) Rutter, M. & Schopler, E. (Eds.) (1978) *Autism: A reappraisal of concepts and treatment*. New York: Plenum. (『自閉症──その概念と治療に関する再検討〈精神医学選書 8〉』丸井文男［監訳］、黎明書房、2006 年、388–400 頁に邦訳が掲載)

15）Bartak, L. et al.（1973）Special educational treatment of autistic children: a comparative study. 1. Design of study and characteristics of units. *J Child Psychol Psychiatry*, 14, 161–179.

16）Clark, P. et al.（1981）Autistic children's responses to structure and to interpersonal demands. *J Autism Dev Disord.*, 11, 201–217.

17）Mesibov, G. B. et al.（2005）*The TEACCH Approach to Autism Spectrum Disorders*. New York: Kluwer Academic/Plenum.

18）Schopler, E. et al.（1989）Structured teaching in the TEACCH system. In E. Schopler & G. B. Mesibov（Eds）, *Learning and Cognition in Autism*. New York: Plenum. p. 243–268.（「18　TEACCH システムにおける構造化された指導」『自閉症と発達障害研究の進歩 vol. 1』日本文化科学社、1996 年、269–284 頁）

19）小塩允護・齊藤宇開（2004）『自閉症教育実践ガイドブック——今の充実と明日への展望』ジアース教育新社。

20）佐々木正美（監修）（2004）『自閉症児のための絵で見る構造化』学研。

21）21 世紀の特殊教育の在り方に関する調査研究協力者会議（2001）「21 世紀の特殊教育の在り方について」文部科学省初等中等教育局特別支援教育課。

22）国立特殊教育総合研究所（2003 〜 2006）「養護学校等における自閉症を併せ有する幼児児童生徒の特性に応じた教育的支援に関する研究——知的障害養護学校における指導内容、指導法、環境整備を中心に」。

23）国立特殊教育総合研究所（2004）『自閉症教育実践ガイドブック——今の充実と明日への展望』ジアース教育新社。

24）国立特殊教育総合研究所（2005）『自閉症教育実践ケースブック——より確かな指導の追究』ジアース教育新社。

25）国立特別支援教育総合研究所（2008）『自閉症教育実践マスターブック——キーポイントが未来をひらく』ジアース教育新社。

26）齊藤宇開・内田俊行（2007）「自閉症教育のキーポイントとなる指導内容——7 つのキーポイント抽出の経緯と内容を中心に」、『国立特殊教育総合研究所研究紀要』34, 3–12 頁。

27）徳永豊・木村宣孝（2007）「自閉症の特性の応じた教育課程の在り方に関する考察——我が国における知的障害養護学校の実践とイギリスにおける取組からの考察」、『国立特殊教育総合研究所研究紀要』34, 35–49 頁。

28）齊藤宇開（2022）『たすく METHOD 7R——J ☆ sKeps アプローチ』TASUC 株式会社。

29）Wing. L.（1981）Asperger syndrome: a clinical account. *Psychological Medicine*, 11, 115–129.

30）Kirk. S. A（1963）A behavior approach to learning disorders. Conference on children with minimal brain impairment.

31）Baron-Cohen, S., Lesle, A. M. & Frith, U.（1985）Does the autistic child have a "theory of mind"? *Cognition*, 21, 37–46.

32）Gray, C.（1994）*The new social story book（Illusstrated Edition）*, Jenison, MI: Jenison Public Schools.（『ソーシャル・ストーリー・ブック』服巻智子［監訳］、クリエイツか

もがわ、）2005 年）

33）大神英裕（2008）『発達障害の早期支援』ミネルヴァ書房。

34）Koegel, R. L. & Koegel, L. K.（2006）*Pivotal Response Treatments for Autism: Communication, Social and Academic Development*. Baltimore: Brookes.（『機軸行動発達支援法』氏森英亞・小笠原恵［監訳］、二弊社、2009 年）

35）森崎博志（2002）「自閉症児におけるコミュニケーション行動の発達的変化と動作法」、『リハビリテイション心理学研究』30, 65–74 頁。

（齊藤宇開）

第 3 章

自閉スペクトラム症教育の
教育課程とその編成

　自閉スペクトラム症（Autism Spectrum Disorder: 以下 ASD）の子どもとの授業を考える前提として、学級や学校などの「教育課程」の編成があります。また、教育課程編成の基準として「学習指導要領」があり、その内容を適切に理解し、授業づくりや教育課程編成に取り組むことが必要になります。

　ここでは、小・中学校の教育課程を踏まえて、ASD の子どもとの授業づくりの特徴と通級による指導（自閉症）や特別支援学級（自閉症・情緒障害や知的障害）、特別支援学校（知的障害や病弱）の教育課程編成の考え方を学びます。

１　授業と教育課程

　学校では日々の教育活動として、授業が展開されています。ここでは、授業や教育課程とは何かを踏まえて、ASD の子どもの特性に応じた授業や教育課程の特徴について考えます。

（1）授業とは、教育課程とは、学習指導要領とは

　教育課程編成や授業づくりを理解する前提として、「教育課程とは何か」や「授業とは何か」をまず理解しましょう。国語、算数などの授業がありますが、そもそも「授業」「教育課程」とは何でしょうか。教育課程や授業を考える基本的な用語を説明します。

　「授業」とは、一般的に各教科や特別活動などについて、決められた時間枠で展開される学習・教授活動を意味します。「教育課程」とは、どのよう

な教科等をどれだけの時間で実施するかを決めた計画をいいます。この教育課程について、文部科学省（2015）は「教育課程とは、学校教育の目的や目標を達成するために、教育の内容を子供の心身の発達に応じ、授業時数との関連において総合的に組織した学校の教育計画であり、その編成主体は各学校である。」としています[1]。つまり、各学校は、教育課程を編成し、学校での時間割（週時程）を決め、授業を実施します。

　そして、その教育課程を編成する際に、教育課程の基準として学校教育法に基づいて国が定め示したものが「学習指導要領」であり、そこには教科の目標や指導すべき内容等が体系的に示されています。

(2) 教育の内容（教育内容）と授業時数

　ここで確認しておきたいことは、学校の教育課程は「教育の内容」と「授業時数」を含めた計画という点です。では、教育の内容（教育内容）とは何でしょうか。教育内容とは「教育課程編成の基本的な要素である各教科等の種類」です[2]。その教育内容は、学校教育法施行規則で規定されています。

　小学校の教育内容は、「国語、社会、算数、理科、生活、音楽、図画工作、家庭、体育及び外国語の各教科、特別の教科である道徳、外国語活動、総合的な学習の時間並びに特別活動」となっています[3]。また、授業時数とは、学校が年間に行う各教科等の授業時間数のことであり、学校教育法施行規則によって小・中学校の教科等の年間の標準授業時数が定められています。

　さらに近年では、教育課程の実施状況を評価してその改善を図っていくなどを通して、教育課程に基づき組織的かつ計画的に各学校の教育活動の質の向上をめざすカリキュラム・マネジメントが重視されています。

(3) 子どもの学びの場とその教育課程や授業の特徴

　ASD 教育における教育課程を考える前に、ASD の子どもはどの学級や学校などで授業を受けているのでしょうか。その基本的な考え方を表3−1に示しました。

　まず、小学校等の「通常学級」があります。次に小学校等の通常学級に在籍し、多くの授業をその学級で受け、週に1、2回などの「通級による指導」

表3−1　ASD の子どもの特性と授業を受ける学級や学校など

在籍や指導の場	知的障害の有無	授業を受ける場
通常学級	知的障害なし	小学校等の通常学級
通級による指導	知的障害なし	小学校等の通常学級 小学校等の通級による指導
特別支援学級*	知的障害なし	特別支援学級（自閉・情緒障害）
	知的障害あり	特別支援学級（自閉・情緒障害） 特別支援学級（知的障害）
特別支援学校*	知的障害あり	特別支援学校（知的障害）
	知的障害なし	特別支援学校（病弱）

＊　授業を受ける場で交流及び共同学習として、小学校等の通常学級もある。
出典；筆者作成。

（自閉症）を受ける場合があります。

　次に、小・中学校の「特別支援学級」があります。この場合に、在籍する子どもが知的障害を伴わない ASD であれば「特別支援学級（自閉症・情緒障害）」となります。また知的障害との重複障害であれば「特別支援学級（自閉症・情緒障害）」か、「特別支援学級（知的障害）」となります。

　さらに「特別支援学校」の場合があります。この際には、ASD で知的障害との重複障害であれば「特別支援学校（知的障害）」となりますが、まれに ASD で精神疾患の症状があり、「特別支援学校（病弱）」となる場合もあります。

　子どもの ASD の程度や知的障害の程度によって、子どもの授業を受ける場や教育課程が異なり、その授業については、学習指導要領を踏まえて、さまざまな工夫がされます。なお、ASD の場合に併存している主な障害として、知的障害の他に、LD（学習障害）や ADHD（注意欠陥多動性障害）などがあり、対応に留意する必要があります。

1）授業や教育課程編成の考え方

　まず、ASD の子どもが通常学級のみで授業を受ける場合は、特別な教育課程は編成しません。その場合は、その学年の教育課程で授業を受けます。

教育課程の具体例を図3-1に示しました。順を追って説明します。まず、「教育課程1」は小学校通常学級の5年生の教育課程を示しました。ASDの特性に応じた授業内容は位置づけられません。ASDの学習上の難しさを踏まえた対応としては、「学習環境」や「学習方法」を工夫することになります。

　なお、小学校等の通級による指導の場合は、基本的にはその学年の教育課程となります。それを土台に、特別な指導を追加したり、ある授業を特別な指導に替えたりするなどして、「特別の教育課程」を編成することになります。この特別な指導は、特別支援学校の「自立活動」に相当するものとなります。この授業は、個別での指導や3人程度のグループでの指導として実施されます。

　次に、特別支援学級の場合、その教育課程を検討する基本は、「小学校学

教育課程1　小学校5年生の教育課程（通常学級）

各教科	道徳	総合的な学習の時間	特別活動

＊小学校5年生の例であり外国語科は各教科に含まれる。3・4年生であれば、外国語活動が位置づけられる。

教育課程2　小学校5年生の教育課程（特別支援学級、知的障害の場合を除く）例

各教科	道徳	総合的な学習の時間	特別活動	自立活動

＊ASDや視覚障害等のみの場合であり、教育課程1に自立活動が加わったもの、教科等は「教育課程1」と同じである。
＊小学校5年生の例であり外国語科は各教科に含まれる。3、4年生であれば、外国語活動が位置づけられる。
＊学習状況に応じて、下学年の教科等の活用を検討する。

教育課程3　知的障害の特別支援学級や特別支援学校（小学校・小学部5年生）の教育課程　例

各教科（知的障害）	道徳	総合的な学習の時間	特別活動	自立活動

＊特別支援学校（知的障害）の場合は各教科は特別支援学校（知的障害）の教科である。
＊特別支援学級（知的障害）の場合は、小学校の教科の場合がある。
＊特別支援学校（知的障害）小学部の場合は、総合的な学習の時間はない。
＊必要に応じて外国語活動を設けることができる。

図3-1　教育課程のタイプ

横軸の幅は、授業時数のイメージだが、正確な割合ではない。
出典：筆者作成。

習指導要領」や「中学校学習指導要領」です。そのことを前提として、学校教育法施行規則第138条で、特別支援学級は、「特別の教育課程によることができる。」とされていますので、この特別の教育課程を編成する場合には、「特別支援学校小学部・中学部学習指導要領（以下「特別支援学校学習指導要領」）」を参考にします。

図3-1の「教育課程2」に、小学校の各教科等に自立活動を加えた教育課程を示しました。通級による指導や特別支援学級（知的障害を除く）の教育課程になります。また、知的障害の場合には、図3-1の「教育課程3」のように小学校の各教科ではない教科、「知的障害である児童生徒に対する教育の行う特別支援学校の教科（以下は「特別支援学校（知的障害）の教科」）を学ぶことができます。

最後に、特別支援学校の場合、特別支援学校学習指導要領を踏まえて教育課程を編成し、授業を展開していきます。特別支援学校の ASD の子どもは、知的障害を併せ有する場合が多く、その際には特別支援学校（知的障害）の教育課程で学ぶことになります。

2）個別の指導計画と特別支援学校小学部・中学部学習指導要領

次に、特別支援学級や特別支援学校等の授業づくりの特徴とは何でしょうか。その特徴を表3-2に示しました。重要なのは、「個に応じた授業」という点です。特別支援学校等の授業は、個々の学びに応じて目標や内容を検討

表3-2　特別支援学校等における教育課程や授業の特徴

授業
個別の指導計画により、個々の学びに応じて目標など設定することが基本（cf. 小学校等の通常学級は集団を前提として学年で目標や内容が決められている）
学習指導要領
小・中学校学習指導要領とは異なる「特別支援学校小学部・中学部学習指導要領」などがある
教育内容
独自な教育内容として「自立活動」や特別支援学校（知的障害）の教科の場合がある
教育課程
小・中学校等の教育内容に加えて、自立活動等
特別支援学校（知的障害）の教科に加えて、自立活動等と柔軟に編成可能
授業時数
学校教育法施行規則が規定する年間の標準授業時数を踏まえ、柔軟に運用

出典：筆者作成。

37

表3-3　教育課程の2つのタイプ

○ ASD のみの場合 　小・中学校の教科等に加えて自立活動の教育課程 ○ ASD と知的障害との重複障害の場合 　特別支援学校（知的障害）の教科等に加えて自立活動の教育課程

出典：筆者作成。

することが基本であり、「個別の指導計画」を作成して授業に取り組みます。個別の指導計画とは、教育課程を具体化し、一人一人の指導目標、指導内容及び指導方法を明確にして、きめ細やかに指導するために作成するものであるとされています[4]。特別支援学級や特別支援学校の授業は、個に応じるために、3～10人程度のグループや個別で実施されます。

　この「個に応じたきめ細やかな指導」などを実施するために、特別支援学校学習指導要領には小学校等にはない教育内容として「自立活動」や特別支援学校（知的障害）の教科などが示されています[5]。

　なお、授業で学習指導を行うための「個別の指導計画」とは別に、福祉などの他機関との連携を図り長期的な視点に立った一貫した支援を行うための「個別の教育支援計画」を作成する必要があります。この計画は、教育のみならず、家庭や医療、保健、福祉、労働等の側面からの取組みを含めたものになります。

3）教育課程と授業時数

　前述の教育内容を踏まえて学校の教育課程が編成されますが、教育課程には表3-3に示すように大きく2つのタイプがあります。子どもがASDのみの場合と、ASDと知的障害との重複障害の場合です。

　この違いは、子どもの知的障害の有無であり、取り扱う教科が小・中学校の教科か、特別支援学校（知的障害）の教科かの違いになります。共通するのは、自立活動があることです。なお、授業時数については、学校教育法施行規則が規定する年間の標準授業時数を踏まえ、柔軟に設定する必要があります。

② ASD の特性と学習内容

　ASD 教育は 1960 年代にその実践が芽生え、しばらくは「情緒障害」という名称で特殊学級においてその取組みが積み重ねられました。2000 年頃になると、知的障害養護学校において、ASD の特性に応じた学習内容と学習方法の検討が積み重ねられ、ASD と知的障害は全く異なる障害で、ASD の特性を踏まえた教育が必要であることが強調されました[6) 7) 8)]。その後、特殊教育から特別支援教育となり、通常学級等における知的障害を伴わないASD の子どもに対する特性に応じた学習方法等の工夫が求められるようになっています[9)]。

(1) ASD の子どもの特性と学ぶことの困難さ

　ASD 教育は、長年の間、知的障害の特性を重視した教育内容・方法で授業が実施されてきました。しかしながら、ASD とはその特徴が 3 歳くらいまでに現れ、①他者との社会的関係の形成の困難さ、②言葉の発達の遅れ、③興味や関心が狭く特定のものにこだわる、主にこの 3 点を特徴とする発達の障害であり、知的障害とは異なっています[10)]。

1) ASD の特性とその学び

　上記の①～③は ASD の定義を踏まえた説明ですが、授業や教育課程を考える場合には、障害の特性を前提とする「学ぶことの難しさ」への対応が重要になります。太田（2012）は、「特性を踏まえた教育的対応は、学ぶことの難しさに対応する指導」としています[11)]。この難しさについて、国立特別支援教育総合研究所（2008）は、「自閉症の特性に応じた教育」の基礎として、ASD の子どもの「学ぶことの難しさの本質」を表 3 - 4 のように提案しています[8)]。

　そして、これは学びを積み重ね、確かな学力を構築する上での子ども自身が体験する特異な困難さであり、自閉症

表 3 - 4　ASD の子どもの「学ぶことの難しさ」の本質

①曖昧な状況から意味を理解する困難さ ②注意の調整と他者との協働の困難さ ③意図、感情（他者、自分）の理解や共有の困難さ

出典：文献 8)。

表3-5 ASDと知的障害の場合と理解の仕方

自閉症を伴う知的発達の遅れ	→	×
知的発達の遅れを伴う自閉症	→	○

教育における学習の基本構造を、国立特別支援教育総合研究所（2008）を参考に作成し図3-2に示し、具体的な工夫をまとめました。

また、異なる視点からは学習面における困難さとして、①習得したことを活用・応用する難しさ、②運動面での不器用さ、③学習に向かう姿勢になる困難さや基本的な約束事を守る困難さなどを指摘する研究もあります[9]。

これらのASDの子どもの特性と学ぶことの困難さの理解は、学習方法や学習環境を工夫し、さらには学習内容を選択する基礎となりますので、適切に把握しておきましょう。

2）ASDと知的障害の特性の違いについて

ASDと知的障害の両方を有する子どもの多くが、特別支援学校（知的障害）等で教育を受けています。長年にわたり、ASDの特性が考慮されずに、知的障害の特性のみを踏まえた指導が実施されてきました。2000年頃になると、ASDの特性を考慮した対応が必要であるとの共通理解が高まり、その状況が改善されるようになりました[6]。

その点について、ASDと知的障害の重複の場合、表3-5に示すように「自閉症を伴う知的発達の遅れ」でなく、「知的発達の遅れを伴う自閉症」として、ASDの特性に応じ教育を考える必要があるとの指摘が明確に出されました[8]。

なぜなら、ASDの子どもは知的障害教育でみられる、集団を前提とした刺激の多い環境や、子どもの「自発性」「創造性」を重視した曖昧な状況での活動などが苦手で、難しさが生じ、適切ではないからです。

近年では、研究や実践が積み重ねられ、ASDの特性を踏まえ、課題を個別的に設定し、視覚的手がかりを活用し、見通しを持ちやすいように工夫した授業が実践されるようになっています。まずは、ASDの特性とその学びの特徴を理解することが基本になります。

(2) 学習方法・学習環境の工夫と学習内容の検討

このような研究や実践の経過から、ASD の特性に応じた学習方法・学習環境の工夫として、指導の個別化や構造的な環境、視覚的手がかりなどが重要なことは、教育界における基本的な認識になっています。なお指導の個別化とは、集団指導に対しての個指導という意味でなく、目標や課題の個別化という理解が重要になります[12) 13) 14)]。これらの点は、ASD の子どもの学習方法・学習環境の大原則となっています。今後は、これらの学習方法・学習環境の工夫を踏まえ、身につけたい資質や能力につながる学習内容をどのように考えるのかが課題になっています。

その際には、学習内容について、すべての子どもに重要な事柄である「共通性（Common to all）」と、ASD の特性から生じる工夫・内容である「独自性（Specific to Group）」の視点で、教育内容を踏まえた学習内容や学習方法をどう整理していくのかが大切になります[15)]。

国立特別支援教育総合研究所（2008）を参考にすると、ASD の特性を踏まえ、その学習内容や学習方法、学習環境の構造を図３−２のように示すことができます。「一般的な学習内容」として国語や算数などの内容があります。それらの学習が成り立つように、必要な力を高める学習内容が「学習を支える学び」です。それを「自閉症教育の７つのキーポイント」として、「自立

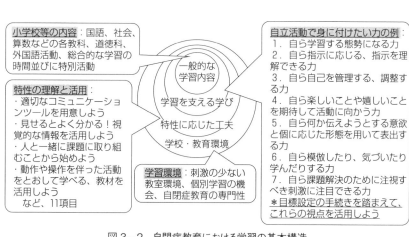

図３−２　自閉症教育における学習の基本構造

出典：筆者作成。

活動の指導で身に付けたい力」に位置づけています。学習指導要領に示されている自立活動の目標設定の手続きを踏まえて、この7つの視点でASDの子どもの困難さを把握しましょう。

また、ASDの基本的認識である「指導の個別化」「構造的な環境」「視覚的手がかり」については、「特性に応じた工夫」「学校・教育環境」に含まれます。それらの視点で学習方法や学習環境を検討しましょう。

一般的な学習内容に含まれる国語や算数（数学）の学びについて、ASDの子どもの特性や行動の理由が理解できたら、次の授業の目標を考える場合に、「一般的な学習内容」と「学習を支える学び」に分けることが必要とする指摘があります[16]。「一般的な学習内容」である国語や算数などの内容は個々の学びに応じて、すべての子どもが学ぶ内容であり、「共通性」が高いものになります。

それに対して、「学習を支える学び」は、「自ら模倣したり、気づいたりする力」などであり、その力を高める必要がある場合に学ぶ内容になります。つまり、「学習を支える学び」はASDにとって「独自性」の高い内容であり、自立活動の内容になります。ASD教育において、「一般的な学習内容」だけを指導すればいいという考えは誤りであり、自立活動の指導にどのように取り組むかが大きなチャレンジといえます。

③ ASDに対応した教育課程と授業

ASDの子どもは、通常学級や通級による指導、特別支援学級など、さまざまな場でその教育を受けています。学校は、ASDの状態や発達の程度を踏まえて、その特性に応じた教育課程を編成し、授業を計画し実施することが必要になります。

(1) ASD教育における教育課程

特別支援学級等の教育課程を編成する際に、ポイントとなるのが、①各教科の習得状況や学習状況を踏まえた各教科の目標や内容の取扱いと、②自立活動についての取組みとなります。これらのポイントを踏まえたASD教育

における教育課程を検討する必要があります。言い換えると、各教科の目標や内容の選択とASD特性から生じる困難さに対応する指導ともいえます。さらに、子どもの生活年齢等を考慮することも重要になります。

　つまり、ASD教育における教育課程として、各教科の指導と自立活動の指導を検討し、どのように組織的に計画して実施するかが、鍵になります。

（2）各教科の指導

　すべての子どもにとって、学校教育の基本となるのは各教科の学びであり、どの学級や学校で学ぶにしても、その授業の基本は、国語や算数などです。それぞれのASDの子どもの習得状況や学習状況、知的障害の有無によって、子どもが学ぶ教科の目標や内容を選択して対応していきます。まずは、その基本を理解しましょう。

1）教科の選択

　ASDの子どもで、小学校等の通常学級に在籍している場合は、当該学年の各教科の目標と内容で学びます。

　次に、特別支援学級で授業を受ける場合、教科の選択はいくつかのパターンが考えられます。まずは、習得状況に遅れがない場合は、当該学年の各教科の目標と内容で学びます。習得状況に遅れがある場合、各教科の目標や内容を下学年の教科の目標に替えることができます。具体的には、小学校5年生のASDの子どもが、小学校2年生の国語の目標や内容で学ぶ場合があります。さらに、学習状況に著しい遅れがある場合、知的障害者である児童生徒に対する教育を行う特別支援学校の各教科（以下、特別支援学校（知的障害）の各教科）に替えることができます。

　なお、特別支援学校（知的障害）での授業は、基本的に、特別支援学校（知的障害）の各教科となります。

　ASDの子どもの各教科の習得状況や学習状況、併せ有する知的障害の程度に応じて、各学校は適切な教科を選択して、教育課程を編成します。

2）特別支援学校(知的障害)の各教科

　それでは、特別支援学校（知的障害）の各教科とは何でしょうか。

　例えば、特別支援学校（知的障害）小学部の教育課程は、生活、国語、算

数、音楽、図画工作及び体育の各教科、特別の教科である道徳（以下、道徳科）、特別活動並びに自立活動で編成するものとする、とされています。この「生活、国語、算数、音楽、図画工作及び体育の各教科」は、特別支援学校（知的障害）の各教科です。これらの教科の名称は、小学校の教科と同じですが、その目標や内容については特別なものになっています。

　特別支援学校（知的障害）の各教科は、学年でなく段階ごとに目標と内容が示されています。その理由は、同一学年であっても知的機能の程度の個人差が大きく、習得状況や学習状況も異なるからです。

　この目標と内容の段階として、小学部は３段階、中学部は２段階、さらに高等部は２段階となっています。小学部３段階が小学校１・２年生程度の内容であり、それ以降は小学校の教科内容に該当する位置づけと考えられます。特別支援学校（知的障害）の各教科は、発達のより初期段階の内容を含み、かつ生活に必要な内容が盛り込まれています。

　特別支援学級（知的障害）を含め、子どもの実態に応じて学習する各教科の目標及び内容を検討することが必要になります。そのためには、子どもの習得状況や既習事項を把握することが前提になります。その状況に応じて適切な教科・段階を選択することになります。

(3) 自立活動の指導

　通級による指導や特別支援学級、特別支援学校の授業では、個別の指導計画を作成し「個に応じた授業」が展開されています。この指導で典型的な授業が、小学校等とは異なる教育の内容として位置づけられる「自立活動」です。ASDの場合には、その困難さとして、安定した情緒的な対人関係を築くことの難しさや、こだわり、興味や関心が限定されることによる集団生活を送る上での難しさ、刺激に対する過敏性や行動上の問題（自傷行為や睡眠障害など）などが指摘されることが多く、それらに対応する内容で自立活動の指導が展開されます[17]。

　この授業は、それぞれの障害による学習上又は生活上の困難を改善・克服し、自立し社会参加する資質を養うための授業、とされています。この指導計画の作成に際して、実態把握から指導目標、指導内容の設定までの手続が

学習指導要領に明確に示されています。

　その手続を踏まえて、必要に応じて前述の「7つのキーポイント」[8] [18] を活用して、実態把握をしつつ、指導すべき課題を明らかにして取組みましょう。

　自立活動の授業時数については、ASD の子どもの知的障害の程度や ASD 特性から生じる困難さを踏まえた検討が必要になります。

(4) 各教科の選択と自立活動の検討

　ASD 教育における教育課程を考える際には、①各教科の選択と、② ASD 特性から生じる「困難さの程度」に応じた自立活動の取組みがポイントになり、それぞれの概要を述べました。

　ASD に適切な教育課程は、特別支援学級なのか、特別支援学校なのかなど、どの場における教育というより、子どもの学習状況や ASD 特性に応じて適切に編成していくことが求められます。

④　指導計画の作成等に当たっての配慮事項など

　特別支援学校小学部・中学部学習指導要領「指導計画の作成等に当たっての配慮事項など」では、指導計画や授業についての大切な点が示されていて、ここでは授業の形態、授業の仕方について説明します。

(1) 各教科の教科ごとの授業

　小・中学校と同じように教科ごとの時間を設けて指導を行う「教科ごとの授業（指導）」が基本となります。小学校等の教科ごとの授業と異なる点は、多くの場合に、一人一人の子どもの実態に応じて指導で扱う内容について、個別的に選択・組織しなければなりません。その場合に、習得状況や学習状況、経験等を踏まえて、興味や関心、生活年齢等を十分に考慮することが大切になります。繰り返しになりますが、修得している学習状況がどの段階なのかの把握が不可欠です。修得している段階を踏まえ、子どもに対し、各教科の資質・能力の育成を目指しつつ、目標や内容を明確にしながら、指導方

法を創意工夫する必要があります。

　また、教科ごとの授業を小集団で進める際、子どもの学習状況の個人差が大きい場合もあるので、子どもの学習状況を把握し、それぞれの教科の特質や指導内容に応じて、さらに小さい集団を編成し個別的な手立てを講じるなどして、「個に応じた授業」を徹底することが求められます。

(2) 各教科等を合わせた授業

　特別支援学校（知的障害）等において、「特に必要があるとき」は、子どもの実態と課題に応じて特別支援学校（知的障害）の各教科、道徳科、外国語活動、特別活動及び自立活動の一部又は全部を合わせて授業を行うことができます（学校教育法施行規則第130条）。この授業が、「各教科等を合わせた授業（指導）」になります[11]。

　知的障害のある子どもの場合、学習で得た知識や技能を実際の生活場面で生かすことが難しいため、学校での生活を基盤にして、学習や生活の流れに沿って学ぶことが重視されてきました。このことから、これまでは、「日常生活の指導」「遊びの指導」などとして各教科等を合わせた指導が選択され実践されてきました。

　各教科等を合わせて授業を行う際にも、各教科の目標や内容を踏まえつつ、各教科等で育成を目指す資質・能力を明確にした上で、カリキュラム・マネジメントの視点に基づき PDCA サイクルで授業を展開することになります。特に、「各教科等を合わせた授業（指導）」は、「授業（指導）の形態」の一つであり、取り扱う指導内容は、学習指導要領に示された各教科等を基にしたものになります[19] [20]。

(3) 自立活動の授業の「確保」

　特別支援学級や特別支援学校の授業において、自立活動の指導は最も重要なものです。この自立活動の指導を実施する際に、各教科等を合わせた授業である「個人別の課題学習」や「社会性の学習」などとして実施する研究やその実践があります[21] [22] [23]。

　しかしながら、これらの提案が今もって浸透していません。各教科等を合

わせた授業として、各教科等の目標や内容を踏まえつつ、その授業の目標や内容を設定し、授業を展開することは、かなり難しい実践であり複雑な手続きとなるためと考えられます。

　各教科等を合わせた授業として、自立活動の指導を実施することは可能ですが、まずは、「自立活動のみ」で個別の指導計画を作成し、自立活動の「時間の指導」にあたる授業を確保しましょう。自立活動の時間の指導を基本として位置付け、その授業を核として、「特に必要があるとき」に自立活動を合わせた授業を実施していくことが重要になります。

⑤ 重複障害者等に関する教育課程

　ASD に、知的障害や視覚障害などを併せ有する重複障害のある子どもの教育課程を編成するときには、特に必要のある場合には、「重複障害者等に関する教育課程の取扱い」を考慮して、各教科等の目標や内容の一部等を取り扱わないなど、弾力的な教育課程を編成することができます。

　この取扱いについて、ここでは「小学部の教科等に替えること」「小学校等の教科に替えること」「各教科等を自立活動に替えること」を取り上げます。

　「小学部の教科等に替えること」とは、ASD や知的障害等の状態により学習場面において様々なつまずきや困難が生じている場合に、当該学部より前段階の教科の目標や内容等に替えることができる、ということです。例えば、中学部の「社会」「理科」「職業・家庭」の目標及び内容を、小学部の「生活」の目標及び内容によって替えることができます。

　また「小学校等の教科に替えること」とは、特別支援学校（知的障害）の教科等の内容を習得し目標を達成している子どもについては、小学校の教科等の目標及び内容の一部を取り入れることができる、ということを示しています。

　さらに、「各教科等を自立活動に替えること」とは、重複障害の状態により学習場面において様々なつまずきや困難が生じている場合に、各教科等を自立活動に替えて教育課程を編成することを可能とする規定です。ASD の

教育課程2　小学校5年生の教育課程（特別支援学級、知的障害の場合を除く）例

各教科	道徳	特別活動	自立活動

＊障害の状態が厳しい場合で、各教科等を自立活動に替えたもの。各教科は特別支援学校（知的障害）の場合が多い。

図3-3　自立活動が多い教育課程（自立活動を主とする教育課程）

出典：筆者作成。

状態が極めて厳しい場合など、自立活動が多い教育課程を編成することができます（図3-3）。

　これを活用する場合には、指導の基本は教科の指導であることを踏まえて、各教科と自立活動の目標設定等の違いを十分に踏まえ、自立活動に替える根拠を明確にすることが重要になります。

＊　　　＊

　この章では、小・中学校の教育課程を踏まえて、ASD の特性に応じた教育課程、子どもとの授業づくりの特徴や工夫について述べました。ASD の子どもにとっての学びの場である通級による指導（自閉症）や特別支援学級（自閉症・情緒障害や知的障害）、特別支援学校（知的障害）などにおける教育課程編成の考え方を紹介しました。

　ASD の特性に応じた学習方法・学習環境を前提に、学習内容として①各教科の選択と、②自立活動についての取組の軸で検討することを述べました。特に、特別支援学級や特別支援学校の授業において、自立活動の指導は最も重要なものであり、個別の指導計画を作成し、自立活動における時間の指導の授業を位置づけることが大切な点を指摘しました。

　ASD の子どもの確かな、充実した学びが積み重なり、豊かな未来につながることを期待します。

引用・参考文献 ——————————————————————————————

1）文部科学省（2015）「教育課程企画特別部会　論点整理」。
　　https://www.mext.go.jp/b_menu/shingi/chukyo/chukyo3/053/sonota/1361117.htm

2）文部科学省（2015）「学習指導要領等の構成、総則の構成等に関する資料」。
https://www.mext.go.jp/b_menu/shingi/chukyo/chukyo3/061/siryo/__icsFiles/
afieldfile/2016/01/26/1365598_8.pdf

3）文部科学省（2018）『小学校学習指導要領（平成 29 年告示）』東洋館出版社。

4）文部科学省（2017）『小学校学習指導要領解説総則編』東洋館出版社。

5）文部科学省（2018）「特別支援学校幼稚部教育要領　小学部・中学部学習指導要領（平成 29 年 4 月公示）」海文堂出版。
https://www.mext.go.jp/content/20200407-mxt_tokubetu01-100002983_1.pdf

6）国立特殊教育総合研究所（2004）『自閉症教育実践ガイドブック──今の充実と明日への展望』ジアース教育新社。

7）国立特殊教育総合研究所（2005）『自閉症教育実践ケースブック──より確かな指導の追究』ジアース教育新社。

8）国立特別支援教育総合研究所（2008）『自閉症教育実践マスターブック──キーポイントが未来をひらく』ジアース教育新社。

9）国立特別支援教育総合研究所（2020）『特別支援教育の基礎・基本 2020』ジアース教育新社。

10）文部科学省（2021）『障害のある子供の教育支援の手引──子供たち一人一人の教育的ニーズを踏まえた学びの充実に向けて』ジアース教育新社、243 頁。
https://www.mext.go.jp/a_menu/shotou/tokubetu/material/1340250_00001.htm

11）大田正己（2012）『自閉症教育と知的障害教育』東洋館出版社。

12）G. メジボフ・M. ハウリー（2006）『自閉症とインクルージョン教育の実践』井深允子ら（訳）佐々木正美（監訳）、岩崎学術出版社。

13）国立特殊教育総合研究所（2006）「平成 15 年度〜平成 17 年度プロジェクト研究報告書 養護学校等における自閉症を併せ有する幼児児童生徒の特性に応じた教育的支援に関する研究」。

14）井上昌士（2010）「集団の指導で大切にしたいこと」、西川公司（監修）筑波大学附属久里浜特別支援学校（編著）『明日から使える自閉症教育のポイント──子どもに学ぶ 6 年間の実践研究』ジアース教育新社。

15）Lewis, A. & Norwich, B.（2005）*Special Teaching for Special Children? Pedagogies for Inclusion*. Maidenhead: Open University Press.

16）野呂文行（2021）「自閉症のある子どもの自立活動の指導で大切にすべきこと」、国立特別支援教育総合研究所（編著）『特別支援学級での自閉症のある子どもの自立活動の指導』ジアース教育新社。

17）国立特別支援教育総合研究所（2010）「重点推進研究（平成 20 年度〜 21 年度）自閉症スペクトラムの児童生徒に対する効果的な指導内容・指導方法に関する実際的研究──小・中学校における特別支援学級を中心に　最終報告書」。

18）たすく株式会社（編著）（2008）『たすくの療育 J ☆ sKep アプローチ』たすく株式会社。

19）文部科学省（2018）『特別支援学校教育要領・学習指導要領解説　総則編（幼稚部・小学部・中学部）』間隆堂出版。

https://www.mext.go.jp/content/20200407-mxt_tokubetu01-100002983_02.pdf

20) 福島県特別支援教育センター（2021）「知的障がいのある児童生徒のための各教科の指導の充実——授業づくりのポイント＆実践事例集」。
https://special-center.fcs.ed.jp/wysiwyg/file/download/1/2438

21) 徳永豊・木村宣孝（2007）「自閉症の特性に応じた教育課程の在り方に関する考察——我が国における知的障害養護学校の実践とイギリスにおける取組からの考察」、『国立特殊教育総合研究所研究紀要』34, 35–49 頁。

22) 東京都教育委員会（2006）「自閉症の児童・生徒のための教育課程の編成について　平成 17 年度知的障害養護学校における自閉症の児童・生徒の教育課程の開発・研究事業報告書」。

23) 西川公司（監修）筑波大学附属久里浜特別支援学校（編著）（2010）『明日から使える自閉症教育のポイント——子どもに学ぶ 6 年間の実践研究』ジアース教育新社。

（徳永　豊）

第4章

通常学級における合理的配慮と通級による指導の工夫

　本章では、通常の学級（通級）に在籍する ASD のある子どもについて、その理解や指導の実際について学びます。その際には、「合理的配慮」を行う必要があり、ICT の活用をはじめとした様々な配慮のあり方を紹介します。そのうえで、通級における実際の指導例を解説します。

① 通常の学級に在籍する ASD のある子どもの理解

（1）通常の学級におけるインクルーシブ教育

　障害者の権利に関する条約第 24 条で定められているインクルーシブ教育システムでは、個別の教育的ニーズのある幼児児童生徒が学ぶことができるように、多様で柔軟な仕組みを整備することが重要となります。多くの人たちはインクルーシブ教育を、「一体感のあるみんなが一緒に」というものだとイメージしているかもしれません。しかし、学校には、色々な気質をもった子どもたちがいます。その子どもたちが「みんな一緒に、同じように」できるというのは、非常に難しいことです。様々な気質のある子どもたちが、個別に最適化された学びの環境を得て、学ぶことができる教育、これがインクルーシブ教育です。

　また、個別の配慮が何もないまま、通常の学級で他の子どもたちと同じように学ぶということも、インクルーシブ教育ではありません。何の配慮もなく通常の学級に在籍させるというのは、その子どもの自尊心を傷つけ、周りのクラスメイトとの人間関係が築けなくなる可能性があります。

　自閉スペクトラム症（Autism Spectrum Disorder: ASD）の気質があることで、

周囲に理解されず、本人が無理を重ねて失敗や衝突を繰り返してしまうと、自己肯定感は下がります。その結果、将来、二次的な困難を伴って、苦しむことになる可能性が大きくなります。無理な環境に入れられて、必要な支援が得られず、適切な教育を受けられなかった人たちが、その後、二次的な困難で苦しんでいるケースが少なからずあるということを忘れてはならないのです。

　そこで、ここでは、通常の学級に在籍する ASD のある子どもへの必要な支援と適切な指導を考え、その理解を深めていきましょう。

(2) 通常の学級にいる ASD のある子どもの理解

　ここでは、知的障害のない ASD のある子どもが通常の学級に在籍している場合を対象とします。

1) 感覚の過敏さ

　ASD のある子どもの一部には、感覚が過敏である子どもがいます。多くの子どもが気にならない音、光、においなどをつらく感じる場合があるということです。その結果、特定の教室に入ることができなかったり、理科の実験などに参加できなかったりすることがあります。先生が、「他の子どもたちが楽しく参加している活動なのに、どうして参加できないのだろう」と感じることがある背景にはこのような原因があるのです。その結果、集団活動ができなくなってしまい、そこから離れてしまう子どももいます。

2) 対人コミュニケーションの苦手さ

　対人コミュニケーションの苦手さは、口頭のコミュニケーションだけでは情報をうまく取り込めないことの原因になります。その結果、先生からの指示を聞き漏らしてしまい、伝達事項を親に伝えられなかったり、提出物を把握することができずに忘れ物が多くなったりするなどの問題が生じやすくなります。

　また、対人関係の構築の困難さや、コミュニケーションの苦手さ、こだわりの強さなどは、多くの子どもが楽しみにしている休み時間に顕在化することがあります。休み時間は特に子ども同士の関わりが求められるため、周囲の子どもとの距離感がつかめずに孤立してしまっていたり、逆に過剰に関

わってしまいトラブルに発展したりする場合があります。

3）心身の不調など

　このような学校生活で体験する学びにくさは、場合によっては、心身の不調につながることがあります。学校に行きたがらない、朝起きることができない、食欲がない、表情が暗い、学校に来ても教室に入ることができない、帰宅後に混乱した様子を見せるなどといった行動の変化が見られることがあるのです。このような行動に変化が見られる場合は、学校生活で何らかの問題を抱えている可能性が高いと考えられます。また、頭痛や腹痛など身体的な症状が現れたり、チック症状、強迫症状や抑うつ・不安などの精神的な症状が見られたりすることもあるので、日頃のクラスでの様子をよく見ておく必要があります。まずは、一番身近にいる担任がASDについて理解し、共感的、肯定的に受け止めて学校全体で、包括的な連携体制を作ることが大切です。

　小学校中学年頃になれば、本人が周囲との違いに気づくようになっていきます。この時期には自分の気質の特徴や、学校生活を上手く過ごすための工夫について本人が理解できるように、徐々に教える必要が出てくるでしょう。大人になったときに、自尊心や自己肯定感を高く保ち、社会へ参加していくことができるようにすることが重要です。学校でのサポートが重要であることを忘れてはならないのです。

（3）課題が見えたときに保護者にどう伝えるか

　保護者への伝え方としては、状況等を具体的に伝えるようにすることです。そのときに、まずできていることを具体的に伝えましょう。そのあとで、できなかったことを伝えましょう。そして、あわせて、「子どもさんのことを決して叱ったりしないでください」と伝えておくことも重要です。大切なのは、子どもの具体的な様子が保護者に伝わることです。そして、他の子どもと比較するのではなく、保護者とともに、今後の対応を共通理解することです。

② 合理的配慮の工夫

(1) 合理的配慮とは

　合理的配慮について、文部科学省では、「障害のある子どもが、他の子ど
もと平等に『教育を受ける権利』を享有・行使することを確保するために、
学校の設置者及び学校が必要かつ適当な変更・調整を行うことであり、障害
のある子どもに対し、その状況に応じて、学校教育を受ける場合に個別に必
要とされるもの」[1] であり、「学校の設置者及び学校に対して、体制面、財政
面において、均衡を失した又は過度の負担を課さないもの」という定義と
なっています。

　この合理的配慮は、「障害者が受ける制限は、障害のみに起因するもので
はなく、社会における様々な障壁と相対することによって生ずるものとのい
わゆる『社会モデル』の考え方を踏まえたもの」とされています[2]。つまり、
学校は、障害のある子どもが他の子どもと同様に学ぶことを保証し、多様な
子ども一人一人を包容するために、合理的配慮を提供する必要があるという

図4-1　みんなが同じ景色を見るために

出典：http://madewithangus.com/portfolio/equality-vs-equity/ を元に著者作成。

ことなのです。図4−1は、合理的配慮を分かりやすく示したものです。

　多様な子どもたちが同じ景色を見ることができるようにするためにそれぞれに応じて置かれている台に当たる部分、これが合理的配慮に当たります。

　合理的配慮は、このように同じ景色を見ることができるように個別の状況に応じて行われるものなので、特別扱いということもできます。一方で、合理的配慮の否定は障害を理由とする差別にあたるとされているので、特別扱いしないことが差別に当たる可能性もあります。これまでは、特別扱いすることが差別で、特別扱いしないと差別になるという発想はなかったので、教育現場は発想の転換をしなければならないということです。

（2）ICT の活用

　ICT の活用も指導上の工夫であり、合理的配慮に位置づけられるものです。ICT の活用については、GIGA スクール構想により、一人一台端末の利用が促進されています。

　ICT 機器を合理的配慮の方法として検討するとき、アクセシビリティという視点があります。このことにも少し触れておきたいと思います。

　アクセシビリティとは、障害のある人が、他の人と同じように物理的環境、輸送機関、情報通信及びその他の施設・サービスを利用できることを指す言葉です。そこで問題とされるのは有用性ではなく、そもそも、そのサービスや機能に到達できるか、サービスや機能によって提示される情報を取得できるかということです。

　例を挙げて考えてみましょう。学校での授業で考えるならば、授業に参加し活動できるようにするためには、教科書にある情報に到達できなければならないでしょう。しかし、紙の教科書ではそこにある情報に到達できないASD のある子どもがいた場合、どうやって教科書にある情報に到達できるのかを考えるということです。

　これを考えたとき、デジタル教科書等の ICT の活用は必要な情報にアクセスできるようにする１つの方法として検討されて当然となります。

　例えば、デジタル教科書に搭載されている文字色・背景色の変更の機能や漢字にふりがなを表示させる機能の活用は有効でしょう。その他にもリフ

ロー表示機能、音声読み上げ（機械音声）の機能があることで、教科書の内容にアクセスしやすくなる ASD のある子どもがいるからです。

このように、ICT の活用は、ASD のある子どもへの合理的配慮として提供することができますが、ICT だけが合理的配慮ではありません。では、ASD のある子どもに、通常の学級で指導をする際にどのような合理的配慮が考えられるでしょうか。その際は、ASD のある人の診断と関連することから考えていくのがよいでしょう。そうすることで、ASD のある児童への合理的配慮を考える際の視点がはっきりするからです。

（3）社会性への配慮

通常の学級では、集団としての学習が行われることが基本です。それは、学校が集団で学ぶ場だからです。しかし、ASD のある子どもにとっては集団での学びが苦痛になっていることがしばしばあります。社会性の面から言えば、クラスメイトとの交流がうまくできないことがあげられます。これは、社会生活で暗黙の了解事項となっているようなことが理解できないことがその原因となっていることが考えられます。

社会の常識や暗黙の了解事項が理解できないために、トラブルになっている場合は、説明して理解できるようにしていく必要があります。「どうしたらよいか、自分で考えてみてごらん」というように指導することがありますが、それではあまり効果はありません。なぜならば、先生が理解しているようには状況を理解していないことがあるからです。ものの感じ方や理解の仕方が違うので、先生が期待しているような行動の改善は見られないことが多いのです。この場合は、その状況を理解できるように説明した上で、「そんな場合は、このようにしよう」と適切な行動を指導するのが効果的です。説明の際に注意しなければならないのは、省略せずに丁寧に説明することです。このくらいは分かっているだろうと考えるところに落とし穴があります。

一人でいるときは、集中して熱心に取り組むことが多いのですが、グループになって活動することになると、周囲の人の気持ちや感情の理解が苦手なので、トラブルになってしまうことがあります。集団で活動するときに、みんなと同じように行動がとれないことがあるということです。このような場

合は、無理に集団に入れてはいけません。本人が嫌がっているのに「教室で頑張ろう」などと言って連れて行ってはならないのです。担任の先生への不信が募るだけです。

　どの程度なら集団の中で行動できるか、実態把握をする必要があります。特に年度の初めには、注意深く見ておく必要があります。新しい学年の最初だからという理由で、ルールを厳格にして、集団に参加することを強要してしまうと学校に来ることができにくくなる子どももいます。集団に入ることができないのには理由があります。その理由を保護者やスクールカウンセラー、養護教諭等も交え話し合いの場を持ち、なぜ集団に入ることができないのか、その理由を考え、指導の方針、必要な配慮について共通理解を図ることが重要です。

　教室に入って、場所は共有していても一人だけ違うことをしている＝授業とは直接関係ないことをしている場合もあります。担任としてはとても気になる行動だと思います。この場合は、この授業でここだけは理解してもらいたいと考えられるところから、授業に参加できるように工夫することが重要です。その子どもが興味を持ってその部分に参加できるように言葉がけなどを工夫します。

　また、学校には来るが教室に入れないという場合は、別室でクラスの授業をオンラインで受けるという方法があります。クラスの様子が分かると安心して教室に入ることができるようになる子どももいます。

（4）こだわりや、狭い範囲の興味への配慮

　これについてはこんなに深く考えることができるのに、別のことについては興味を示さないように見える子どもがいます。子どもの興味関心のあることに関連した情報を集めておくことが、関係性を構築する上で重要になります。電車が大好きだとか、恐竜が大好きだとかいう子どもの場合、その子どもと共通の話題を持つことが、人間関係を作っていく上で重要なのです。数少ない扉です。この扉を閉ざさないようにすることが重要です。

　こだわりの中には、予定の変更が不安で受け入れられないASDのある子どももいます。時間割が決まっている学校の場合、一日の流れがルーティー

ンになっていますので、安心できるのですが、急な予定の変更があるとその日のルーティーンが崩れてしまうので不安定になるのです。不安になったときには不安が収まるまで、保健室などが落ち着ける場所ならば、そこへ行って心を落ち着けてから教室に戻ってくる方法があります。「そのくらい我慢できなければだめ」というような対応は望ましくありません。

　また、給食の食べ物へのこだわりが強く、偏食があって食べられるものと、食べられないものがはっきりしている子どもがいます。好き嫌いが多いというように判断される場合が多いのですが、口の中の感覚が過敏なために食べることができない場合があります。食べることができないと言っているのに、給食の時間が終わっても無理してでも全部食べさせるというのは、体罰にあたります。このような場合は、最初に食べる量を減らしておくという方法を教えるのがよい方法でしょう。無理に食べさせるのは、食事の時間を苦痛なものに変えてしまうことになり、その後の食事という楽しみを奪うことになるかもしれません。そのようなことは避けたいものです。

　教室など多くの人がいるところでは食べることができないという場合もあります。低学年のときは教室で食べることができていた子どもが、中学年になってから教室で食べることができなくなったという事例もあります。一人であれば食べることができるのであれば、一人で食べることができる場所を用意することも方法です。

　いずれにしても、何が原因で食べることができないのかを考え、学校で共通理解をしておくようにしましょう。

(5) 言語性のコミュニケーションへの配慮

　ASD のある子どもは人とやりとりするのが苦手です。特に音声でのやりとりが苦手です。話し言葉の抑揚などが独特であったり、早口であったりする場合があります。また、難しい言葉を使って話す子どももいて、分かっているように感じることもありますが、よく聞いてみるとその言葉の意味が理解できていないことも多くあります。

　このような場合は、ASD のある子どもに話す場合は、少しゆっくりしたスピードで話し、使った言葉の意味が分かっていないときには、「こういう

ことが言いたかったんだね」と言い換えるようにすることが大切です。「そんな難しい言葉を使っても分かりません」というように、伝えても解決しません。本人は難しい言葉を使っているとは思っていないからです。そのときに使えばよい適切だと思われる言葉で言い換えて、「このように言えばよいよ」と指導するようにします。

　言葉を字義通りに理解して、傷つくこともあります。否定的な言葉で伝えられた場合も、その結果どうすればよいのかが分からず困っている場合もあります。そのような様子が見られた場合には、その言葉の背景にあること、どのように行動すればよいのかを肯定的な言葉で伝えるようにします。

(6) 非言語性のコミュニケーションへの配慮

　ASD のある子どもの多くは非言語的なメッセージを理解したり、使ったりすることを苦手とする場合があります。笑いながら「嫌」と言うことを表現することがありますが、ASD のある子どもの中には、笑っているから喜んでいると勘違いして、同じ行動を繰り返してトラブルになることがあります。

　笑っているとか、泣いているとかといった表情は分かるのですが、その背景にある感情や気持ちの理解がうまくできないために、このような問題が起こります。このような場合は、そのときの状況とその人の感情や気持ちと、表情の関係を理解できるように伝える必要があります。その際、それを図にして視覚的に整理して伝えるようにする方法が有効です。

(7) 体の動きの不器用さへの配慮

　粗大運動、微細運動、協調運動のいずれか、またはどれにも不器用さのある子どもがいます。マット運動などでは、自分の体がどのように動いているのかが分からないために、できないこともあります。投げたり、打ったり、蹴ったりする粗大運動や協調運動が苦手な場合、運動ができないとからかわれて、チームから排除されてしまうことで、体育の時間が嫌になる子どももいます。マット運動などの場合は、できなかったことがからかわれることがないように、配慮する必要があります。

また、微細運動の不器用さは、書字などに現れます。字の形が整わないことなどがあるということです。汚い字だと後ろに貼り出されるのも嫌になるでしょう。貼り出す際にも配慮が要ります。また、丁寧さに欠ける場合、とめ、はね、はらいができていないという理由で、テストなどの際に×がつけられることがありますが、形態が合っていれば〇というように寛容な評価をすることが重要です。書字に対して劣等感を持たないようにする工夫がいるということです。

(8) 感覚への配慮

　ASD があることによる感覚の過敏さは、学校の様々な場面で現れます。音の場合は、耳を塞いだりすることで、音に耐えようとすることが多いようです。音に過敏だと、音楽の合奏ができなかったり、鑑賞ができなかったりすることもあります。音が反響するような場所（例えば体育館など）にも入りづらくなることもあります。先生の声が大きい場合にも同様のことが起こる場合があります。音の場合は、音を遮断できるヘッドホンや耳栓などの活用が考えられます。外から入ってくる音を小さくすることで、不快感をなくすというものです。

　光の場合は、パソコンの画面が明るすぎて見づらく感じたり、外に出たときにまぶしすぎて困ったりするようです。少し色の入っためがねなどで対応することができます。

　触覚の過敏さは、プールのシャワーを浴びるとき、粘土などの図工の材料に触るとき、理科の実験などで物に触るときなどに現れます。また、口内の過敏さが原因で、給食の食材によって口の中に入れられないものもあります。手で触る物の場合は手袋などで対応できますが、シャワーや食材は感覚を軽減することはできないので、プールのシャワーは浴びなくてよいようにしたり、給食のときに口に入れられない食材が出たら、残し方を指導したりするなどの工夫が考えられます。

　感覚に慣れさせようとして無理をさせてはなりません。ASD のある子どもの立場に立って考えることが重要です。

（9）配慮するときに意識しておくこと

1）視覚的支援は必須

　ASD のある人は音声で理解するよりも視覚的な情報で理解する方が得意な人です。視覚支援が有効であったということは、ASD のある人と関わった人なら誰でも経験していることだと思います。これを授業の中で使うようにします。伝えるときには、モデルを示す。実物を見せる。写真や絵を使う。文字や図で示すなど、視覚的な情報を使って使えば、分かりやすく伝えることができるようになります。「あと少し」などもことばとしては分かりにくいので、視覚的に分かりやすいタイマーなどで終わりを分かりやすく伝えることが重要です。

2）具体的に伝える

　曖昧な表現、抽象的な表現の理解が苦手なことが多いので、具体的に伝えるようにします。「ちょっと待ってください」の「ちょっと」がどのくらいか分からないので、待てないことがあります。「2 分待ってください」「100 カウントダウンする間待ってください」などと伝える方が伝わりやすくなります。「丁寧にしましょう」「きちんとしましょう」と言うよりは、「靴は平行に並べてください」とか「まっすぐにしましょう」などの方が伝わりやすいということです。誰もがイメージしやすいように伝えるということです。

3）共感的に肯定的に返す

　ASD のある人は、理解の仕方や考え方がユニークなことが多いです。なので、意見などを聞いていると、大人は「それは考えすぎではないか」とか「そうではなくて」と言いたくなることがあります。これを繰り返していると、ASD のある子どもは、自分の意見が受け入れられないと感じ、意見を言わなくなってしまうことがあります。自分は変わっているため受け入れられていないなどと考え、「自分はだめな人間だ」というように自己肯定感を下げてしまうことがあります。先生から受け入れられていると感じることはとても重要なことです。「〇〇さんは、そう考えたんだね」と、その考えを受け入れるようにすることが重要です。

4）ゆっくり話す、たくさんの情報を一度に言わないようにする

　音声によるコミュニケーションが苦手なので、伝えられたことを理解する

のに時間がかかることがあります。少しゆっくり話し、短い文で伝えるようにすることが大切です。一度に複数の情報で説明したり、丁寧に伝えているつもりで長々と説明したりしても理解できないことが多いです。話し言葉で伝えるときも配慮が必要です。

5）静かで、刺激の少ない場所を用意する

感覚が過敏な子どもの場合、色々な物が見えたり、色々な音が聞こえたりする環境では集中できないことがあります。窓際の席や廊下側の席は刺激が大きいことがあり、ASDのある子どもにとっては集中できにくい環境だと言えます。また、教室掲示などもできるだけ前面はシンプルにする必要があるでしょう。椅子や椅子などを動かすときの音も不快に感じる子どももいるので、机や椅子の脚に音が鳴りにくいように物をかぶせるなどの工夫も有効です。

6）先の見通しが持てるようにする

何をするのか、どこでするのか、いつまでするのか、いつ終わるのか、その後どうするのかということが分かると安心して活動に取り組むことができる子どもがいます。見通しを持つことで安心できるということです。特に初めての場所や初めての経験が不安になることが多いので、事前に説明をしっかりすることが重要です。その際、上述したように、視覚的な情報を使って伝えるように工夫をする必要があります。

以上のようなことは、各教科の中でできる指導の工夫、場合によっては合理的配慮です。もちろんその一部ではあるのですが、どの子どもも同じ景色を見ることができるように、工夫していきましょう。

繰り返しになりますが、合理的配慮を行うことは義務です。つまり、特別扱いしなければならないということです。特別扱いが差別に当たるのではありません。特別扱いしないことが差別に当たる可能性があることを忘れてはなりません。

③　通級での指導の実践

（1）通級の指導とは

　通級での指導について、まず基本的な定義を確認しておきましょう。通級指導は小学校、中学校、義務教育学校、高等学校又は中等教育学校の通常の学級に在籍する子どもが対象です。その時間は対象となる子どもの実態によって変わってきます。対象となる子どもは、言語障害、自閉症、情緒障害、弱視、難聴、LD、ADHD、肢体不自由、病弱および身体虚弱です（学校教育法施行規則第140条）。

　通級の指導形態は3種類あります。1つは自校にある通級指導教室で指導を受ける場合です。これは自校通級と言います。2つ目は近隣にある他校にある通級指導教室に通って指導を受ける場合です。これは、他校通級と言います。そして3つ目が、通級指導を専門とする教員が、対象の児童生徒がいる学校を訪問して指導する巡回指導です。他校通級をした場合、授業数がどうなるのか気になりますが、この場合は、在籍する学校で授業を受けたことになっているので、他校通級をしても授業時数の心配はありません（学校教育法施行規則第141条）。

　次に指導内容は、特別支援学校の自立活動に相当するものとなっています。つまり、障害による学習上又は生活上の困難を改善し、または克服することを目的とする指導とされています。そして、自立活動は6区分と27項目が示されています。各区分の意味や具体的な指導内容例、留意点、項目間の関連等については、『特別支援学校教育要領・学習指導要領解説　自立活動編（幼稚部・小学部・中学部）』を参照しましょう。

　「学校教育法施行規則第140条の規定による特別の教育課程について定める件の一部を改正する告示」（平成28年文部科学省告示第176号）で、特に必要があるときには、障害の状態に応じて各教科の内容を取り扱いながら行うことができるとされています。つまり、障害による学習上又は生活上の困難の改善又は克服を目的とする中で、6区分27項目の指導内容を取り扱う上で、各教科等の内容が必要なのであれば、それを使って自立活動の内容を指導し

てもよいということです。学力向上を目的とした通級の指導はないということであり、これは通級の指導を実施する上では忘れてはならないことです。

（2）ASD のある児童への具体的な通級での指導

　まずは、実態把握をすることから始めます。子どもと先生がどのようなことで困っているのかを明らかにして、通級での指導で何ができるのかを考えるためです。

　子ども一人一人に必要な支援と適切な指導は異なっているので、対象児それぞれに実態把握をしていく必要があります。その結果得られた情報から、必要な支援と適切な指導内容を決めていきます。指導内容は通級を担当する教員が決めていくことになります。これらの内容については、個別の教育支援計画および個別の指導計画に示さなければなりません。必要な支援と指導内容を組織的・計画的にして継続的に行わなければならないからです。また、個別の教育支援計画の作成については、当該の児童生徒や保護者の意向を踏まえた上で、関係機関と必要な情報の共有を図らなければならないとされていることにも留意する必要があります。

　子どもと保護者の面接では、主訴を確認します。このときに注意しなければならないのは、何をどのように聞くのかということです。まず、どのような子どもなのかを知ることから始めるのですが、聞き方があります。

　困っていることから聞くのではなく、対象となる子どもが好きなこと、得意なこと、好きな教科、得意な教科から聞いていきます。具体的に聞いていきます。誰でも、好きなことや得意なことは話しやすいからです。保護者にも同様です。子どもの得意なこと、よいと思うところから聞いていきます。

　次にどんなところで困っているのかを確認していきます。保護者にも同様です。このとき注意しなければならないのは、共感的に聞くということです。ASDのある子どもの場合、話を聞いていると、感じ方や理解の仕方が異なっていると感じることがあるので、「それはこうじゃないの」とコメントしたくなることがあるのですが、「そう感じたんだね」と共感的に話をすることが重要です。敏感な刺激、あまり感じない刺激、健康上の問題等も聞くようにします。表出性コミュニケーション（表現）、受容性コミュニケーション

（理解）についても、やりとりしながら実態把握をしておきましょう。

　それができたら具体的な指導内容を検討していきます。このとき大切なことは、ASD のある子どもの気質そのものを改善しようとするのではなく、その子どもが学校生活等で感じている学習上、生活上の困難さを改善、克服するということです。どのような課題を改善、克服していけばよいのか。支援を受けながらでも自立を目指してもかまわないという視点も考えながら通級での指導内容を考えていくのです。

　ここでは、通級での指導内容で ICT 等の情報端末を使った指導についていくつか紹介します。

（3）自立活動の内容と関連させた指導例

　ここでは、自立活動の中で通級に関連して指導することが多いのではないかと考えられる、健康の保持、心理的な安定、人間関係の形成、環境の把握、コミュニケーションについて、具体的な方法を考えます。

1）健康の保持に関連して

　生活のリズムを整えるための工夫については、起きた時間と寝た時間を記録して、「視える化」する工夫があります。保護者の協力も必要です。起床時間と就寝時間を記録したものを自立活動の時間に整理して、確認することで健康指導を実施します。エクセルなどでグラフにするとよいでしょう。

　記録ができたときには、シールなどを貼るようにして、それがたまったらご褒美がもらえるように保護者と共通理解しておくことも重要です。生活のリズムを整えることは、ASD のある人たちの健康を考える上でも重要です。ゲームなどのしすぎで生活が乱れることがないようにする上でも、自立活動の中で改善できたらよいことです。

2）心理的な安定に関連して

　心理的な安定に関連することとしては、情緒の安定に関すること、状況の理解と変化への対応に関すること、障害による学習上又は生活上の困難を改善・克服する意欲に関すること、いずれも指導することが重要です。

　情緒の安定に関しては、気持ちを「視える化」するための方法が考えられます。筆者はかつて「きもち日記」いうアプリケーションを開発しました

（2022年3月公開終了）。このアプリは、気持ちを5までの小数点1位までの数字で表示できるようにしたものです。その日の出来事とそのときの気持ちを表現する練習をすることができます。ネガティブな気持ちを言葉で表現できないと問題行動となって現れることがあります。問題行動と考えられる行動にも理由があります。それを言葉で表現できるようにすることで、問題行動は収まることが多いのです。気持ちを「視える化」する工夫をしてみましょう。

　状況の理解と変化への対応では、予定の急な変更などが混乱する原因になっていることもよくあります。予定はとても大切なので、それを伝えることから考えてみましょう。図4-2は、アシストガイドという、タブレットやスマホで動くアプリです。このようなアプリで時間割などの情報を提示する方法があります。持ち物等も紐付けできるので、このようなアプリで予定を知らせるようにします。予定の変更も、アプリで予定変更を自分で入力するように指導します。子どもが納得するように予定の変更を伝えることが重要です。予定の変更は生活していたら必ず起こることなので、自分で納得するためにどうすればよいか、とても大切な指導内容になります。

　学習上の困難さの改善では、これがあればできるというアイデアの提案が重要です。字を書くことができなくても、パソコンを使えば作文を書くこと

図4-2　アシストガイド

ができるとか、文字を読むのが苦手でも、読み上げてもらえれば内容が理解できる、といったことです。「これがあれば大丈夫」という成功体験を繰り返し経験することが大切なのです。この情報は個別の指導計画の中にしっかり書き込んでおくことで、合理的配慮として提供できるのではないかと考えられます。「これが苦手」という視点ではなく、「これがあればできる」という視点で参加、活動できるように考えていくことです。

3）人間関係の形成に関連して

人との距離感が分からなくて、近すぎることがあり、トラブルになることがあります。このような場合は、動画等で適切な距離を指導する方法があります。片手を伸ばした距離だけ離れましょうと具体的な説明をして動画を見せるという方法です。ここで大切なのは失敗例を見せる必要はないということです。「この距離だと相手が嫌がるでしょ」と言われても、イメージがわきにくいからです。これだけ離れるのがよい距離ですと伝えたほうが理解しやすいということです。

人間関係の形成を教えるとき、どうしても、失敗例を出して、それについて考えることから、適切な行動を考えるように促すという方法がとられますが、指導者が思っているように伝わっていない場合が多くあります。失敗例から考えさせるより、成功例を身につけることができるようにする方が効果的です。

4）環境の把握に関連して

感覚過敏があるために、必要な情報を得ることができず、行動できなくなってしまうことがあります。感覚の過敏さは、周囲の人に理解されにくいため、特に配慮する必要があります。

聴覚過敏がある場合は、自立活動で音を遮断するヘッドホンや耳栓などの利用を検討し、それらを適切に使うことができるように指導していくことが重要です。どのような授業のときに利用するのか、その利用をどのように伝えればよいのかを学べるようにしましょう。

視覚についても同様です。どの場所なら気になりにくいのか、どのような場合に明るさを軽減できる眼鏡をかければよいのか等をアセスメントし、利用できるようにするということです。またタブレットやPCを使った学習で

は、背景はどのような色にしたら見やすいのか、文字の色、大きさ、フォント、画面の明るさ、といった、変更が可能な設定をアセスメントを元にしながら調整することが必要です。

5）コミュニケーション

コミュニケーションはASDのある子どもにとって、特に支援する必要がある項目です。どのような方法でやりとりすると伝わりやすいか等、その手段を練習することも重要です。口頭ではうまく伝わらない場合には、文字情報で理解できるように伝えるなどの工夫が要ります。「文字で書いて説明してもらえますか」と依頼できる力をつけておくことも重要です。また、言われたことをすぐにメモをとることができない場合もあります。このようなときは、音声を文字認識させるアプリなどを使って、メモをとることができるようにする指導も必要です。

ことばの意味を間違って理解している子どももいます。冗談などが理解できない場合もあります。言われたことが理解できなくて困ったことなどを聞き取り、状況に応じた言葉の使い方を指導する必要もあります。

＊　　＊

本章では、通級での指導について考えてきました。通級での指導では、ASDのある児童が学習上、生活上で困っていることを解決するための方法を検討し、指導していくことになります。ICT機器などの活用が学習上、生活上で困っていることを解決することにつながります。必要な支援を考え、それの活用方法を提案し、これがあれば大丈夫と自信を持って生活することができるように、通級での指導が生かされることを望みます。

引用・参考文献 ─────────────────────
1）中央教育審議会初等中等教育分科会（2012）「共生社会の形成に向けたインクルーシブ教育システム構築のための特別支援教育の推進（報告）」。https://www.mext.go.jp/b_menu/shingi/chukyo/chukyo3/044/attach/1321669.htm
2）内閣府（2015）「障害を理由とする差別の解消の推進に関する基本方針」。https://www8.cao.go.jp/shougai/suishin/sabekai/kihonhoushin/honbun.html

・金森克浩・坂井聡ほか（2019）『発達障害のある子の学びを深める教材・教具・ICT の教室活用アイデア』明治図書。

・坂井聡（2020）『知的障害や発達障害のある人とのコミュニケーションのトリセツ』エンパワメント研究所。

・田中裕一（監修）全国特別支援学級・通級指導教室設置学校長協会（編著）（2021）『「通級による指導」における自立活動の実際』東洋館出版社。

・中野洋二郎（1995）「親の障害の認識と受容に関する考察──受容の段階説と慢性的悲哀」、『早稲田心理学年報』27, 83–92 頁。

・本田秀夫（2021）『子どもの発達障害──子育てで大切なこと、やってはいけないこと』SB 新書。

・文部科学省（2018）『特別支援学校教育要領・学習指導要領解説　自立活動編（幼稚部・小学部・中学部）平成 30 年 3 月』開隆堂出版。

・文部科学省（2018）『小学校学習指導要領（平成 29 年告示）』東洋館出版社。

・文部科学省（2018）『中学校学習指導要領（平成 29 年告示）』東山書房。

・文部科学省（2019）『高等学校学習指導要領（平成 30 年告示）』東山書房。

（坂井　聡）

第 5 章

特別支援学級、
特別支援学校における指導とその工夫

　本章では、特別支援学級、特別支援学校における知的障害を伴う ASD の
ある児童生徒への指導について学びます。その実態、心理特性や望ましい環
境などを踏まえたうえで、特別支援学級および特別支援学校における実際の
指導例を具体的に解説します。

① 特別支援学級、特別支援学校における
知的障害を伴う **ASD** のある児童生徒の理解

（1）在籍する児童生徒の実態
　自閉症・情緒障害特別支援学級（以下、自・情級）の対象となる障害の程
度は、「自閉症又はそれに類するもので、他人との意思疎通及び対人関係の
形成が困難である程度のもの」とされています[1]。「それに類する」とは、
アスペルガー症候群を含む広汎性発達障害のことですが、対象となる障害の
程度に知的障害の程度は定められていません。そのため、様々な知的障害を
伴う ASD のある児童生徒が在籍しています。
　一方、知的障害特別支援学級（以下、知的級）の対象となる障害の状態は、
「知的発達の遅滞があり、他人との意思疎通に軽度の困難があり日常生活を
営むのに一部援助が必要で、社会生活への適応が困難である程度のもの」と
されています[1]。
　また、知的障害特別支援学校（以下、知的校）の対象となる障害の程度と
して、「一　知的発達の遅滞があり、他人との意思疎通が困難で日常生活を
営むのに頻繁に援助を必要とする程度のもの、　二　知的発達の程度が前号

に掲げる程度に達しないもののうち、社会生活への適応が著しく困難なもの」とされています[1]。

　知的級、知的校の対象となる障害の状態や程度には知的発達の遅滞があること、他人との意思疎通および日常生活の援助の程度が示されていますが、併存する障害については定められていません。したがって、知的級には、他人との意思疎通に軽度の困難があり日常生活を営むのに一部援助を必要とする知的障害を伴う ASD のある児童生徒が、知的校には他人との意思疎通が困難で日常生活に頻繁な援助を必要とする知的障害を伴う ASD のある児童生徒が在籍することになります。以上のような理由から、自・情級、知的級、知的校に在籍している知的障害を伴う ASD のある児童生徒の実態は多様です。

　ところで、小学校の知的級には知的障害のある児童が約53%、知的障害を伴う ASD のある児童が約32%在籍していることが報告されています[2]。知的障害の程度は軽度で一部支援が必要な ASD の児童が多く、続いて知的障害の程度が中度で一部支援、あるいは知的障害の程度は中度で常時支援が必要な ASD のある児童であったとされています。これらの結果から、知的級には知的障害のある児童と知的障害を伴う ASD の児童という大きく2つのグループから構成されていることになります。

　一方、知的校には、ASD の特性のある児童生徒が小学部で約49%、中学部で約44%、高等部で約32%、平均すると約38%在籍していることが報告されています[3]。ところが、地域によっては小学部が約63%、中学部が約68%、高等部が約62%という実態も報告されています[4]。また、知的校には社会生活への適応が著しく困難という理由で、境界領域（IQ70 前後）や軽度の知的障害を伴う ASD のある児童生徒が小学部で約1%、中学部で約1.3%、高等部で約2.2%、平均すると約1.6%在籍していることも報告されています[3]。

　このことから、知的校は知的障害のある児童生徒と、知的障害を伴うASD のある児童生徒と大きく2つのグループから構成されており、一部ではあるものの、不登校や行動障害など社会生活の適応に著しい困難のあるASD のある児童生徒も在籍していることになります。

（2）知的障害を伴うASDの心理特性

　知的障害を伴うASDのある児童生徒は、知的障害による発達の全般的な遅れと、ASDによる発達の歪みを併せ有しています。そのことが、知的障害を伴うASDのある児童生徒の学びにくさ、生活しにくさをもたらすことになります。

　そのため、知的障害を伴うASDの児童生徒に対し、知的障害教育の目標とする日常生活や社会生活の技能や習慣を身につけ、望ましい社会参加のための知識、技能、態度を養うとともに、ASDの特性を考慮してコミュニケーション、概念理解、社会性を重点的な指導内容としていく必要があります。

1）心理特性の強い側面と弱い側面

　知的障害を伴うASDのある児童生徒にみられやすい心理特性について解説します。

　知的障害を伴うASDの強い心理特性と弱い心理特性について表5-1に示しています[5]。強い側面について、例えば、乗り物が好きで車輪や小さな部品まで忠実に描くことができるといった細かなところに注意がいくことができます。また、事前に示したり繰り返し教えたりすることは必要となりますが列に並ぶ、電車に乗るときはリュックサックを前に抱えて持つなど買い物や公共交通機関の利用に必要なルールを学習することができます。鉄道、折り紙、アニメ、誕生日など、特定の対象に強い興味・関心があります。

　一方で、人に触れられることや大きな音など、感覚刺激にストレスを感じやすいことがあります。また、算数の数式の問題は解けるのに文章題は解け

表5-1　心理特性の強い側面と弱い側面

強い側面	弱い側面
● 細かなところに注意がいく ● 事実は学習できる ● ルールは学習できる ● スキルは学習できる ● 特別な興味・関心をもつ	● 感覚刺激にストレスを感じやすい ● 情報の統合が苦手 ● 意味を理解することの困難さ ● 時間や空間を構成できない ● ニュアンスを理解できにくい ● 他者を理解しにくい ● 新しい場面や状況に適応できにくい（般化困難）

出典：文献5）より一部改変。

ない、「お塩取れる？」と言われたときに「取れるよ」とは答えますが、それを取って渡してほしいという意味は理解できないといったことがあります。

　好みや好きなこと、特技、才能、達成してきていることなど、知的障害を伴う ASD のある児童生徒の強い心理特性に気づき、それらを活かしたり伸ばしたりする指導が大切になります。加えて、知的障害を伴う ASD のある児童生徒一人一人が学ぶ喜びや活動の楽しさを味わえるように、弱い心理特性に対する徹底した合理的配慮が必要となります。あわせて、できないことをできるようにするということよりも、今ある力が最大限発揮されるために必要な環境を整えていきながら、できることのレパートリーを拡大していくことが求められます。

2) 心理特性の弱い側面と合理的配慮

　心理特性の弱い側面に対する合理的配慮の観点を、表5-2に示します。

　感覚的な過敏性については、知的障害を伴う ASD のある児童生徒の大切な表現として理解し、過敏性そのものを尊重していくことが求められます。一般に、熱心に指導しようとすればするほど、子どもたちの近くで、声が大きくなり、何度も言ってきかせようとすることがあります。しかし、これは効果がないだけでなく、子どもたちにとって学習場面が嫌悪化してしまい、逃避行動や回避行動が生じてしまうことになります。ジェントル・ティーチング（gentle teaching）と呼ばれるような、静かで落ち着いた指導が必要となります。

表5-2　弱い心理特性と合理的配慮の観点

弱い側面	配慮の観点
● 感覚刺激にストレスを感じやすい ● 情報の統合が苦手 ● 意味を理解することの困難さ ● 時間や空間を構成できない ● ニュアンスを理解できにくい ● 他者を理解しにくい ● 新しい場面や状況に適応できにくい 　（般化困難）	● 感覚的な過敏性を尊重する ● 期待されている事をはっきりさせる 　(a) 混乱させるものを取り除く 　(b) 大切なことを強調する ● 見通しを持ちやすい設定を整える ● 抽象的なことを具体化する ● どのように行動すればよいか示す、告げる ● それぞれの場面でしっかりと教え

出典：文献5) より一部改変。

　また、ある感覚刺激から強い興奮が生じるまでの過程で、予兆といわれる行動が生じることがあります。例えば、ある知的障害を伴う ASD の生徒は、唐突に「1万円は何歳からか」「衣替えはいつからか」と発言することが予兆行動でした。その発言に丁寧に答えようとすると、かえって興奮が高まり最終的に大きな混乱（パニック）が生じることになりました。行動観察から、過敏性をもたらす刺激に気づき、それらの刺激に対して配慮するとともに、予兆行動がみられた段階で静かな環境でクールダウンできるようにすることも有効な対応の1つです。

（3）ASD のある児童生徒にとっての分かりやすい環境

1）構造化

　期待されていることをはっきりさせる、混乱させているものを取り除き大切なことを強調する、見通しを持ちやすい設定を整える、抽象的なことを具体化する、どのように行動すればよいか示すといった配慮が有効となります。それらは、構造化という考え方に基づきます。

　構造化とは、知的障害を伴う ASD のある児童生徒にとって、分かりやすく取り組みやすい環境を整えることです。構造化には、どこで何をしたらよいか場所と活動との関係を分かりやすく示すための空間の構造化、活動、1日、1週間といった時間的な見通しが持てるための時間の構造化、ルールや決まりなど子どもが混乱しやすいことを具体的に示す概念の構造化、活動の取り組み方や手順を分かりやすく示す活動の構造化、子どもの意思をうまく聞き取り、こちらからの指示や働きかけを分かりやすく伝えるためのコミュニケーションの構造化があります。

　基本的には、いつ（When）、どこで（where）、何を（what）、いつまで・どのくらい（How much）、どのようなやり方で（How to do）、いつ終わり終わったら何をするか（what's next）といった情報を具体的に伝えていくことになります。特に、新しい状況や集団で活動するような場面、相手の考えや心の動き（気持ちや感情）、取り組んでほしいこと（期待）については具体化が求められます。

　知的障害を伴う ASD のある児童生徒は、たとえお話することが得意で

あっても聞くことは苦手としています。そのため、消えない手がかりとして、いつでも活用できるように文や絵や写真で示したり、書いて示したり、iPadなどに入力して示したりするなど視覚的に示すようにします。

　一般に、知的障害を伴う ASD のある児童生徒の行動上の問題は、過度な期待、過剰な感覚刺激、十分でない、あるいは過剰な構造化によって生じやすいことが知られています。まずは、それらの環境を変えていくことを優先していく必要があります。

　知的障害を伴う ASD のある児童生徒には、常同行動や特別な興味・関心などの特異な行動がみられます。特異な行動を減少させたり、定型といわれるような一般的な発達のモデルに近づけたりすることが教育ではありません。大切なことは、達成感や充実感のある学習や生活を実現することであり、そのために、知的障害を伴う ASD のある児童生徒が学びやすく過ごしやすい環境を整えていくことになります。その中で、知的障害を伴う ASD のある児童生徒の行動の幅や選択肢が広がっていくようにします。

2）知的障害の特性にも配慮する

　ところで、知的障害を伴う ASD のある児童生徒の指導では、知的障害の特性にもきちんと配慮していく必要があります。知的障害のある児童生徒の学習上の特性として、学習によって得た知識や技能が断片的になりやすい、実際の生活の場面で生かすことが難しい、成功経験が少ないことなどにより主体的に活動に取り組む意欲が十分に育っていないことが指摘されています[6]。

　そのため、実際の生活場面に即しながら繰り返して学習することにより、必要な知識や技能等を身につけられるようにする継続的、段階的な指導が重要となること、学習の過程では児童生徒が頑張っているところやできたところを細かく認めたり、称賛したりすることで、児童生徒の自信や主体的に取り組む意欲を育むことが重要となること、さらに、抽象的な内容の指導よりも、実際的な生活場面の中で、具体的に思考や判断、表現できるようにする指導が効果的であるとされています[6]。それらは、知的障害を伴う ASD のある児童生徒の指導にも活かしていく必要があります。

3）各教科等を合わせた指導のためには計画、実行、評価、改善が必要

ところで、知的障害教育の特徴として日常生活の指導、生活単元学習、遊びの指導（小学部）、作業学習（中・高等部）の「各教科等を合わせた指導」ができるとされています。各教科等を合わせた指導は、各教科の目標を達成する上で、知的障害の特性から教科別に指導するよりも効果的と考えられる場合に取り入れられる指導の形態となりますが、知的障害を伴う ASD のある児童生徒はそれらの授業への参加を苦手としている場合があります。

各教科等を合わせた指導を行う場合には、その授業において、どの教科のどの目標を目指しているのか明確にしておくことが求められます。ところが、それらが明確にされていなかったり、チーム・ティーチング（T・T）を担当する教員間で共有されていなかったりすることがあり、「活動ありき」となっているようなこともあります。そのような場合、知的障害を伴う ASD のある児童生徒は何をしたらよいか、何が求められているか分からないまま授業に参加することが難しく教室内を徘徊したり、常同行動に没入したりするなどの逸脱行動が見られることになります。

知的障害教育の特徴である教科等を合わせた指導が、知的障害を伴う ASD のある児童生徒にとっても効果的になるためには、事前に当該の授業において、育成を目指す資質・能力を明確にし、授業後にはチームで各教科等の目標が達成されたかを検証し、授業改善を図っていくことが大切になります。

② 特別支援学級における知的障害を伴う ASD のある児童への指導の実際

（1）ASD のある C さん

C さんは、「ポケモン」や動物のぬいぐるみが好きな小学 5 年生です。お母さんと、「あみぐるみ」づくりによく取り組んでいます。チェキでお気に入りの写真を撮ったり、家の近くで体を動かしたり、風船バレーや椅子取りゲームを楽しんだりすることもあります。また、家庭で、お母さんと食器の片付けなどのお手伝いをしています。

Cさんは対人緊張が強く、例えば、自己紹介のように人前で話したり自分の意思を伝えたりすることを苦手としています。完璧を求め、自分の思う状態になるまで深夜になっても活動を続ける、保護者に過度な要求をする、途中で切り上げたり変更したりすることが難しい、間違えることや失敗を過度に恐れる、「自分が嫌い」「全部嫌い」と自己否定などがみられています。就学前に実施した日本版感覚プロファイル検査では感覚過敏、感覚回避とも非常に強いとされ、入浴や睡眠習慣にも影響が生じています。

　就学前に実施したWISC-Ⅳの全検査IQは80でしたが、DAM人物画検査ではIQ55と大きな差異がみられていました。また、同時期に実施したPVT-R（絵画語い検査）の語い年齢は7歳2ヶ月でしたが、S-M式社会生活能力検査（第3版）による社会生活年齢は3歳4ヶ月であり、発達に大きな歪みがみられていました。

　Cさんは、小学1年生の夏休み明けに行われた係決めや算数プリントの解き方など、学校生活や学習のトラブルをきっかけに学校に対する拒否が強くなりました。正門まで登校することや短時間でも学校で過ごすことも難しく、小学1年生の10月以降は不登校となっています。そのため、自・情級の担任が週1回の家庭訪問を行うとともに、教育相談機関での支援が週1回から週2回の割合で行われていました。しかし、新型コロナ感染拡大により対面での支援が困難になったため、「ロイロノート」（後述）とZoomを活用した遠隔支援を行うことになりました。

(2) Cさんの教育課程

　Cさんの学校は、「自ら学び続け、知識や経験を活かし、問題をよりよく解決していく子を育てる」「自らを律する態度と人を思いやる優しさのある子を育てる」「進んで運動に取り組み、心身ともにたくましく生きる子を育てる」「自分の住むまちを愛し、他者と協働しながら地域社会のために貢献しようとする子を育てる」「さまざまな人とのコミュニケーションをとおして、多様性を尊重し、共に生きていく子を育てる」ことを目標としています。

　Cさんが在籍する自・情級は、8名の児童と2名の担任から構成されています。Cさんの学校には自・情級1学級、知的級2学級を合わせて3学級あ

り、全22名の児童を4名の教師が担当していました。各学級で教育活動を行うとともに、一部の授業は学級合同で、あわせて児童の実態と教育的ニーズに応じて交流級との交流を行っていました。

　Cさんの個別の教育支援計画では、安定した情緒のもとで生活できるようにする、生活の中で必要な知識や技能を身につける、衣服の着脱や排泄等の身辺処理の方法を身につけることが教育的ニーズとされています。そして、不安なことや苦手なことを保護者や教師に伝え、保護者や教師と一緒に気分を切り替えることができる、遊びや生活の中から生活する上で必要な知識や技能を身につける、一人で着替えや排泄などをしようすることを高学年の3年間で目指す姿としています。

　その実現に向けて個別の指導計画では、自立活動において家庭訪問での活動などをとおして、安定した気持ちで生活することができる、様々な人と関わる経験を積む、不安なことや苦手なことがあるときに自分の思いを保護者や教師に伝えたり、難しいときに"手伝って"と手助けを求めたりすることができる、"こんなふうにしたい"と教師や保護者に考えを伝えられることを目標としています。

　国語ではゲームなどを通して文字の読み書きや語彙を高めること、社会・理科では「ロイロノート」のメッセージに学校の農園の写真を添付する、自宅周辺の事象に関心を持つことを通して季節や植物の成長、四季の変化、自分の住む地域の様子を知ること、算数ではお手伝いやゲームをとおして数を求めたり、量や長さを比べたり、金銭の管理について学習したりすることを目標としています。

　音楽では、自分の興味のある歌手やゲームに関連する楽曲や動画などを通して、いろいろな曲に関心を持ったり曲に合わせて体を動かしたり一緒に歌おうとしたりすること、図工では好きなアニメを描いたり、ぬいぐるみを制作したりすること、体育では自宅周辺や家の中で教師や保護者と一緒に体を動かそうとすること、外国語活動では日常生活の中で英語でのあいさつや、言葉に触れたり英語の発音をしてみたりすることを目標としています。

　道徳では、よい行動に対して大いに称賛する中で自分にはよいところがあることに気づくこと、教師や保護者とのかかわりの中で様々な感じ方や考え

方があることに触れること、自分だったらという視点で考えられるようにすることが目標されています。

(3) Cさんの指導の実際

Cさんには、個別の教育支援計画のもと学校を中心に医療機関、福祉機関、教育相談機関による連携した支援が行われています。具体的には、学校は週1回の家庭訪問とクラウド型授業支援アプリ「ロイロノート」を活用したメッセージの交換、福祉機関は月1回の家庭訪問、教育相談機関はZoomによる支援、週1回の通所による対面支援、そして「ロイロノート」によるメッセージの交換が行われています。その中から、学校による「ロイロノート」の実践と、教育相談機関によるZoomによる遠隔支援について紹介します。

1)「ロイロノート」の実践

「ロイロノート」は、Cさんと担任で「クラス」を設定しています。担任からは、学校に関連する話題や他の児童や学校の風景に配慮しながら、Cさんの興味のある写真と数行のメッセージを添えて、週1回程度のペースで送信されています。例えば、担任が自宅で飼っているウサギを写真付きで紹介したり、退勤途中に撮影した満月の写真にお月見の話題を添えたり、卒業生に贈りたいとCさんが自宅で作成した作品をラッピングした写真やプレゼントを渡された卒業生が喜んでいる写真を送ったり、Cさんから送られた写真に関する感想を伝えたりしています。最近では、農園の野菜の様子やサナギが羽化してアゲハ蝶になるまでの写真が送られています。

「ロイロノート」を開始した当初は、写真やメッセージを見るまでに時間がかかったり保護者から促したりすることが必要でした。Cさんから担任にメッセージが送られることはありませんでした。ところが、最近は、保護者からメッセージが届いていることが伝えられると「見たい、見たい」と意欲的になっています。また、メッセージを添えることはないものの自宅で自分が撮影した花火大会や三日月の写真、教育相談機関への通所の際に自分で写した紫陽花の写真を送るようになっています。

2）遠隔支援の実践

　Zoom による遠隔支援は、新型コロナ感染拡大に伴い対面支援ができなくなった時点で週1回のペースで開始されました。対面支援が再開された段階では月1回のペースで対面支援と並行して実施されています。1回の活動時間は、あまり長くならないように 40 ～ 50 分程度としています。活動は C さんと保護者（母親）、そして2名の担当の4名で行い、C さんと保護者は自宅の PC から参加しました。

　1回の活動の基本的な流れは、それぞれの PC から Zoom のミーティングルームに入室します。そして、C さんの同意を得てからカメラを起動します。始めの挨拶をした後、アイスブレイクとして C さんが web カメラの前に座らせている自分の好きなぬいぐるみの話題を中心に雑談します。その後、活動内容と順番を決めて、1回に、2つ程度の活動に取り組みます。最後に、全員で一言ずつ感想を述べた後、挨拶をして終わりとなります。

　活動にあたっては、C さんの遠隔支援に対する不安、カメラに映ることや自分の声が聞こえることに対する抵抗など C さんの特性に配慮しながら丁寧に取り組むようにしました。

　Zoom での活動では、C さんがカメラに映らなくてもよいこと、ぬいぐるみをカメラの前に座らせてもよいこと、保護者と一緒に行うこと、母親に代弁を求めてもよいことなどを確認しました。また、保護者から、C さんが遠隔支援に関する不信感があると伝えられたため、担当から手紙を送り、C さんと関わりを持ちたいことや一緒に取り組みたい活動を伝えることで、安心感や信頼感を高めるようにしました。その後も、毎月手紙を送り、活動への意欲を高めるようにしました。

　次に、いくつかの活動を試行錯誤する中で、C さんも興味があり遠隔でも一緒に楽しめる活動として、アニメで流行している楽曲を使った「リズムに乗って楽しもう」と題したリズム活動と、オンラインゲーミングプラットフォーム「ロブロックス」を用いた「皆でゲームを楽しもう」を中心に行うことにしました。リズム活動では、C さんが興味のある楽曲から1つ取り上げ、その楽曲を通したリズム活動を何週ぐらい行うか見通しを持てるように活動カードを作成しました。それを、お気に入りの動物などのシールを添え

て郵送し、活動が終了するたびに同封したシールをCさんが貼るようにしました。活動カードが埋まると、担当が自作したメダルと次の活動カードに手紙に添えて送るようにしました。

　Zoomによる支援の最初の段階では、Cさんから活動したい遊びを提案するように促し、できるだけCさんの意思を大切にしながら進めていくことを計画していましたが、Cさんから"決められない"という表出があったため、担当からも活動や進め方について提案するように変更しました。また、活動終了後に、Cさんの活動時や活動後の言動について保護者から電子メールで教えてもらい、Cさんの参加しやすい方法を工夫するようにしました。

　Zoomによる遠隔支援を開始した当初は、カメラに映ることに強い抵抗がみられていましたが、最近では、リズムに乗って身体を動かしたりしているときに手や後ろ姿など身体の一部が映ることもあります。また、活動に関連した会話もみられるようになっています。インターネット環境の不具合で音声が聞き取りづらく正しく伝わらなかったり、会話の行き違いが生じたりしたときは緊張したり一時的に表出が減少することもありましたが、無音状態が長くならないように会話をつなぐなどの配慮をすることで、安定して活動に参加できるようになってきています。

③ 特別支援学校における知的障害を伴う ASDのある生徒の指導の実際

（1）ASDのあるDさん

　Dさんは、知的校の中学部3年生です。電車や路線図が好きで、休憩時間はiPadで電車の動画を見て楽しんでいます。級友との関わりはあまりみられないものの担任には発声、接近、肩を叩くといったコミュニケーション手段を用いて関わりを求めたり、iPadやマスクなどを要求したりすることがあります。担任が側にいて1つひとつ指示をすると活動に取り組めるものの、自分から活動に取り組むことや次の活動に切り替えることを苦手としていました。また、朝の会、帰りの会、国語・数学の時間などに机の棚に両手を入れ、指で「カタカタ」と音を立てる常同行動がかなりみられていました。

(2) Dさんの教育課程

　Dさんの学校は、「健康な身体と豊かな心を育む」「個性を生かし、主体性をはぐくみ、生活する力を育てる」「自ら考え、判断し、表現して行動する力を育てる」「社会の一員として、働く意欲と自立する力を育てる」「仲間を思いやり、仲間と協力する力を育てる」ことを目標としていました。

　そして、小学部から高等部までの12年間の教育活動を小学部第1学年から第4学年、小学部第5学年から中学部第2学年、中学部第3学年から高等部第3学年と大きく区切りながら、「分かって動く、考えて動く、責任を果たす」態度の育成に系統的に取り組んでいました。

　それらの学校教育目標や教育理念の実現に向けて、障害の状態や発達段階に応じた指導内容・方法等の充実に努めるため知的障害の教育課程、自閉症の障害特性に応じた教育課程、重度・重複の教育課程が設けられており、Dさんは自閉症の障害特性に応じた教育課程による指導を行う自閉症学級に、他の5名の生徒とともに在籍していました。Dさんの学級には、主担任と副担任の2名の教員が配置されていました。

　Dさんの学級の時間割を次頁図5-1に示しています。中学部3年生の自閉症学級では音楽、美術、保健体育、職業・家庭の教科別の指導、特別活動と総合的な学習の時間の領域別の指導、そして、日常生活の指導、生活単元学習、作業学習に社会性の学習を加えた各教科等を合わせた指導という指導の形態で授業が行われ、自立活動は各教科等を合わせた指導の中で取り扱われています。社会性の学習は各教科等を合わせた指導に位置づけられており、一人一人の自閉症のある児童・生徒が、対人関係や社会生活に関わる行動について対応できるように必要な知識、技能及び習慣を養い、適切な支援を受けながら行動できる力を培うことが目標とされています。

　時間割は、生徒が見通しを持ちながら安定して活動できるように、午前中の日常生活の指導、社会性の指導、保健体育、そして、給食と休憩後の日常生活の指導、下校前の日常生活の指導はそれぞれ帯状に配置されています。また、木曜日の午前中は職業・家庭、金曜日は午前、午後を通した作業学習と連続した時間枠で設定されています。帯状で配置されている日常生活の指導、社会性の指導、保健体育は学級単位、国語・数学は学習グループ単位、

月	火	水	木	金
登校				
日常生活の指導				
社会性の学習				
保健体育				
総合的な学習の時間	生活単元学習	国語・数学	職業・家庭	作業学習
美術	保健体育	総合的な学習の時間	職業・家庭	作業学習
給食				
休憩				
日常生活の指導				
国語・数学	国語・数学	国語・数学	日常生活の指導	作業学習
音楽	国語・数学	保健体育	下校	作業学習
	日常生活の指導			日常生活の指導
下校				下校

図 5 - 1　時間割

音楽は学年単位のように学習形態を工夫しながら学習に取り組まれています。

(3) Ｄさんの指導の実際

　Ｄさんの実態を把握するため、机の棚で「カタカタ」と音を立てる行動をはじめとした行動観察に加え、指導経過や関連する機関から情報収集を行いました。その結果、音を立てる行動は聞くことの多い活動時や給食時にみられやすく、聞くことの多い活動時には感覚刺激を得る機能があること、給食時は担任の注目を得る機能があることが推定されました。また、Ｄさんの教育的ニーズとして、コミュニケーションと活動の流れを理解して自分から行動できること、が挙げられていました。担任間で協議した結果、スケジュールや活動の自己管理スキルとコミュニケーションスキルを重点的な指導目標とすることになりました。机の棚でカタカタと音を立てる行動は、それらの指導を進めていく中で変化を確認していくことになりました。

1）自己管理スキルの指導

　社会性の学習の時間に、自己管理スキルとコミュニケーションスキルに関

する基礎的な指導を行いました。自己管理スキルの指導は、Dさんが関心の高い電車を素材としました。インターネットから電車の写真と動画をダウンロードするとともに、ダウンロードした電車の路線の駅名が記入できるワークシートを作成しました。

指導では、最初に、その日の課題が記入されたスケジュールブックを提示します。そして、電車の動画をiPadで見ながら、ワークシートにその電車の路線の駅名を漢字で記入します。終了すると、担任が駅名を復唱しながら丸付けを行い、トークンとして鉄道プリントを提示します。スケジュールブックに提示された所定の課題が終了すると、貯まったトークンと引き換えにゲームやiPadなどの選択肢から、自分で好きな活動を選んで次の活動が始まるまで取り組むようにしました。

社会性の学習で培った自己管理スキルは、学校生活の中で応用できるように般化の指導を行いました。そのために、iPadの「ワークWatch」というアプリを利用しました。朝の日常生活の指導の時間に、DさんがワークWatchに自分で日課を設定します。設定された活動が終了し、自分で画面をタッチすると、当該の活動が消え次の活動が提示されます。ワークWatchを自分で操作しながら利用することで自己管理スキルが般化し、自分から行動できることが増えていきました。

2）コミュニケーションスキルの指導

コミュニケーションスキルの指導も、最初に、社会性の学習の時間に取り組み、その後、学校生活全体でのコミュニケーション機会を利用しながら般化の指導に取り組みました。コミュニケーションスキルの指導には自作した文字盤、iPadアプリ「ゆっくり棒読みトーク」、そして、電子メモを用いました。文字盤は、いつでもどこでも使えるように生徒の机用、机の近くの壁に貼る壁用、そしてカバン用と用意しました。iPadアプリ「ゆっくり棒読みトーク」には、あらかじめDさんが日常生活の中で使うことの多い単語を入力していました。

社会性の学習の時間に、自己管理スキルの指導と組み合わせて、自分の好きな活動を選ぶときに文字盤、iPadのゆっくり棒読みトーク、電子メモのいずれかを使って担任に伝えるようにしました。また、Dさんは、iPadで

電車の動画やグーグルマップを見ながら「先生、交差点」「先生、コンビニ」「先生、○○駅」と表出することがありました。そこで、電子メモに単語を記入して担任に報告するようにしました。伝わる経験が増えることで、「先生、川、水、きれい」といった表現もみられるようになりました。

続いて、給食時間や休憩時間など学校生活の様々なコミュニケーション機会を利用してコミュニケーションの般化の指導を行いました。例えば、給食準備をしている待ち時間に、電子メモに「休憩、iPad」と記入することでiPadを使いたかった気持ちを切り替え、給食準備に積極的に取り組むことができたり、作業学習の時間に微熱があったため作業を中断して保健室に行ったときに「保健室　×」「午後　作業　○」と午後も作業学習を続けたいと伝えたりすることがありました。

2学期の最終日に、冬休みで楽しみにしていることを電子メモで伝えたり、3学期の最初には冬休みで楽しかった出来事（家族で一緒におすしを食べたことや、一緒にマラソンしたことなど）を毎日のように書いて報告したり、ある日の給食が終わったときは、「メガ盛りチキンカレー　ごちそうさまでした」と電子メモに書いて報告したりすることもありました。母親のお葬式に参列した数日後、休み時間に涙を流している表情画を描いていたことは非常に印象的でした。

3）カタカタと音を立てる行動への支援

国語・数学の教科学習の時間等で、聞く活動を中心に見られていたカタカタと音を立てる行動についてもいくつかの工夫を行いました。1つは聞くことが多い活動は、視覚的な支援や何らかの動きのある活動を取り入れる、もう1つはDさんが「授業ノートを取る」ことに取り組みました。一般に、知的校では、児童生徒が板書をノートに写すような指導はあまり行われていません。しかし、Dさんの行動観察を踏まえ、授業への参加を高めるとともに手持ち無沙汰を解消するために、先生が板書したことをノートに写すようにしました。熱心にノートを取りながら、さらに意欲的に授業に参加するようになりました。それらの工夫の中で、カタカタと音を立てる行動はほとんど見られなくなりました。

4）ICT 教材、ICT の活用を含めた指導

　ICT 教材は、その他にも D さんの学校生活全体で活用されています。例えば、午前中の保健体育（朝の体操）は、ラジオ体操と筋トレを行うことになっていますが、新型コロナ感染拡大防止の観点から学級単位で実施されています。そこで、体育を専門とする教員のモデル動画を、各教室で iPad からプロジェクターでホワイトボードに投影しながら実施しています。筋トレは、iPad に標準で搭載されている残り時間をデジタル表示と円グラフで同時に提示されるタイマーを使って、生徒が見通しを持って取り組めるようにしています。

　国語では、例えば、ジェットコースターや駅でスピードを緩める電車の動画、図書館などの近隣の写真、新品できれいな本や古くなった本のイラストなどを活用することで、「速い、ゆっくり、高い、低い、古い、新しい」などの形容詞、「が、の、に、を」などの助詞、「なのに、だから」などの接続詞などの習得に効果が発揮されています。また、別室から Zoom によるオンライン授業を行い、画面共有をしながら教員の指示や支援のもとでワークシートを行い、学習が完了すると報告するといった自己学習にも取り組んでいます。

　歯磨きの指導は、iPad アプリ「歯磨き勇者」が効果を発揮しています。歯磨きアプリに写る自分の姿と、歯磨きの仕方によって変化する得点を見ることで、自分で工夫しながら上手に歯磨きに取り組むことができるようになりました。給食では、iPad アプリ「絵カードタイマー」が活用されています。D さんが、事前に給食のおかわりがあることを自分で確認します。そして、おかわりがあるメニューを自分で iPad を使って撮影し、絵カードタイマーにその写真を貼りつけます。合わせて、タイマーを自分でセットします。その結果、「超早食い（2〜3分）」であった D さんが、10 分以上かけて落ち着いて給食を食べるようになりました。

　休憩時間や授業の隙間の時間では、iPad のお気に入りの地図アプリや「ピタゴラスイッチ」のアプリを操作しながら過ごしています。地図アプリは、自分が好きな土地の地図を探し、ストリートビューモードも使いながら見ています。他にも、自分に関係する場所、好きな駅、電車をグーグルで探し出

し、お気に入り動画として眺めていることもあります。

　身体検査でも、iPad のカメラ機能が効果を発揮することがありました。D さんの学級に、身体検査に行くことを拒否している生徒がいました。あらかじめ、身体検査の手順書を用意していましたが、効果はありませんでした。そこで、担任のとっさの判断で、教室から身体検査が行われる検査車両までの動線を iPad のカメラアプリを用いて録画し、生徒に提示しました。すると、スッと立ち上がって教室から検査車まで移動し、心電図の検査を実施することができました。

　ICT の活用を含めた指導は、知的障害を伴う ASD のある児童生徒の学びの可能性を高めるとともに、なぜ活動に参加することができないのか、どのようなことに不安を持っているのかについての、新たな子ども理解にもつながっています。

引用・参考文献 ─────────────

1) 文部科学省初等中等教育局特別支援教育課（2021）『障害のある子供の教育支援の手引 〜子供たち一人一人の教育的ニーズを踏まえた学びの充実に向けて〜（令和3年6月）』ジアース教育新社、257 頁、136 頁、134 頁。
2) 国立特別支援教育総合研究所（2010）「自閉症スペクトラム障害のある児童生徒に対する効果的な指導内容・指導方法に関する実際的研究―小・中学校における特別支援学級を中心に―（平成 20 年度〜21 年度重点推進研究）〈研究代表者　廣瀬由美子〉」。
3) 第 38 回全国特別支援学校知的障害教育校長研究大会（2015）「情報交換資料（平成 27 年 8 月 5 日）」全国特別支援学校知的障害教育校長会。
4) 横浜市教育委員会（2014）「自閉症にやさしいまち、横浜　自閉症教育の手引き〜認めよう、見つめよう、育もうⅡ〜（平成 26 年 2 月）」。
5) 渡部匡隆（2019）「第 14 章 ASD」、梅永雄二・島田博祐・森下由規子（編著）『みんなで考える特別支援教育』北樹出版、141–151 頁。
6) 文部科学省（2018）『特別支援学校学習指導要領解説　各教科編（小学部・中学部）（平成 30 年 3 月）』開隆堂出版、26 頁。

（渡部匡隆）

第 **6** 章

ASD の
対人関係・コミュニケーション面への
指導

　ASD の子どもは、複数の状況で社会的コミュニケーションおよび対人的相互反応における持続的な欠陥がある、行動、興味、または活動の限定された反復的な様式を示すなどの行動特徴を有しています。この章では、ASD の社会的コミュニケーションおよび対人的相互反応における持続的な欠陥である対人関係やコミュニケーションについて、① ASD の対人関係・コミュニケーションの特徴、② ASD の対人関係・コミュニケーションのアセスメント、③ ASD の対人関係・コミュニケーションの自立活動の指導を取り上げて解説します。

1　ASD の対人関係・コミュニケーションの特徴

（1）ASD の乳幼児の場合

　人は乳幼児期の段階から、周囲の人とのやりとりを通じて社会的な認知を発達させていくことが知られています。その中でも ASD の子どもは共同注意と呼ばれる人との相互交渉の萌芽に困難が見られることや他者とのコミュニケーションに関連する行動が示されにくいことなどが指摘されています。

　共同注意の定義は研究者によって異なりますが、他者と関心を共有する事物や話題へ、注意を向けるように行動を調整する能力や 2 者が単純に同じものを見ているだけでなく，両者が互いに相手の注意をモニタリングしている状態とされています[1]。大神（2006）は 2 項関係と 3 項関係からなる共同注意に関連する行動について、「他者意図の理解（指差しや視線追従）」、「提示や手渡し」、「指差しの産出」、「社会的参照（交互凝視）」、「向社会的行動（他

者の苦痛にやいたわり）」、「遊び・表象」のまとまりと各まとまりに含まれる下位項目の出現時期および ASD では出現しない項目について報告しています[2]。定型発達の子どもの場合、すべての項目が、8 〜 17 ヶ月の間に通過しますが、ASD の子どもは全体として共同注意に関連する項目で通過していない項目が多くあり、特に「指差しの産出」に含まれる「叙述の指差し」と「応答の指差し」、「向社会的行動」に含まれる「他者の苦痛への反応」「慰め・いたわり行動」が出現しなかったことを報告しています。

　また、定型発達の子どもと ASD の社会的コミュニケーション行動を比較した研究では、6 ヶ月の時点で両者には差異が認められなかったものの、12 ヶ月の時点では、顔への注目と他者への発声で、18 ヶ月になると社会的微笑で ASD の子どもが定型発達の子どもに比べ、表出頻度が少なくなったことが指摘されました[3]。このような研究の知見から、共同注意に関連する行動や社会的なコミュニケーション行動は、乳幼児の段階から ASD の子どもが示しにくい行動であるということができます。

(2) ASD の子どもや青年の場合

　一般的に ASD の子どもは、同年代の仲間と社会的関係を築いたり、他者に対して適切な方法で働きかけたりすることが難しいと言われます。適応行動全般について標準化された検査である「日本版ヴァインランド –II」のマニュアルをみると、知的に遅れがある、ないに関わらず、ASD の人は「社会性」と「コミュニケーション」の得点が低いことが報告されています[4]。さらに詳しくみると、知的な遅れの程度によって若干異なる部分はありますが、「表出言語」、「対人関係」、「地域生活」、「遊びと余暇」などの得点が低くなることが示されています。このような「社会性」と「コミュニケーション」の苦手さは、幼児期から一貫して示されている課題であると言えます。

　また、ASD の友人関係の特徴をみると、学齢期ではスキルの獲得によって社会的な行動（挨拶をする、物を共有するなど）は増加しても、仲間への社会的関心が乏しいことや相互性のある友人が少ないこと、青年期になると孤立による自己評価の低下から、不安や抑うつのリスクが高くなること、などが指摘されています[5]。ASD の「社会性」や「コミュニケーション」の課題

は、直接的に苦手な領域であるというだけでなく、不安や抑うつなどの二次的な障害につながるリスクの高い領域であることを示唆しています。

　このような「社会性」や「コミュニケーション」の課題に関連して、「社会的―コミュニケーション的相互交渉に従事するための動機付け」、「（子どもから開始される）社会的始発」、「行動の自己統制」をASDの障害の中核領域（以下機軸領域）として取り上げる研究者もいます[6]。彼らは「社会的―コミュニケーション的相互交渉に従事するための動機付け」の弱さについては、学習性無力感が引き起こした結果であり、そのため子どもが好む活動や行動しようとする試みを強化することで、「社会的―コミュニケーション的相互交渉に従事するための動機付け」を高めることが重要であると述べています。また、ASDの子どもの言語の特徴として、質問をすることが全く見られないか、その頻度が低いこと、好奇心が明白に乏しいレベルにあること、欲しい事物を要求するときにだけしか言語を使わないこと、会話を始発しないことなども指摘しました。自己始発（自ら会話を始めること）は、ASDの子どもにとって好ましい長期的な介入成果の予測指標にもなると言われており、コミュニケーションのみならず、自己始発に関する介入が二次的な障害を予防したり、社会適応全般を向上させたりする効果をもたらす可能性が示唆されています。

②　対人関係とコミュニケーションのアセスメント

(1) 全般的なアセスメント

　ASDのスクリーニングは、ASDの主症状である「持続する社会的なコミュニケーションや対人的相互反応の障害」と「限定された反復的な行動、興味、活動様式」に関する項目が含まれています。

　例えば、ADOS–2（Autism Diagnostic Observation Schedule Second Edition）は、検査中の子どもの様子を観察し、「言語と意思伝達」「相互的対人関係」「遊び／想像力」「常同行動と限定的興味」「他の異常行動」の５つの領域に沿って評価をします[7]。PARS–TR（Parent-interview autism spectrum disorders rating scales-text re- vision）はASDの特性をアセスメントするための検査で、母親

（あるいは主な養育者）を対象とした半構造化面接によって行われます。PARS–TR は、検査を通じて、子ども（本人）の抱える困り感に ASD 傾向が関係しているか、支援ニーズや支援の手がかりはどのようなものがあるかについてアセスメントするための検査で、診断に用いるわけではないのが特徴です。PARS–TR は、「対人」「コミュニケーション」「こだわり」「常同行動」「困難性」「過敏性」の 6 領域で構成されています[8]。M–CHAT（modified checklist for autism in toddlers）は 2 歳前後の幼児に対して遅れの有無に関わらず、ASD のスクリーニングを目的として開発された検査です。検査は、社会的発達に関する項目、ASD にみられることのある独特の知覚反応や常同行動に関する項目、言語理解に関する項目などから構成されています。以上のスクリーニング検査は、ASD の特性に基づいて開発されたものであるため、対人関係やコミュニケーションの領域に関するアセスメントが可能な検査であると言うことができます[8]。

　また、「日本版ヴァインランド–II」は、適応行動全般について標準化された検査です。「日本版ヴァインランド–II」に含まれる領域は、「コミュニケーション領域」「日常スキル領域」「社会性領域」「運動スキル領域」「不適応行動領域」の 5 つです。この検査は、ASD に特性に対応した検査ではなく、適応行動全般について評価することが可能となっている検査ですが、前述したように ASD の場合、「社会性」と「コミュニケーション」の弱さが示されるなど、ASD の適応行動に含まれる社会的な側面の弱さをみることができます[4]。

　その他、標準化された検査とは異なりますが、ソーシャルスキルをアセスメントする尺度は数多く作成されています。例えば、上野・岡田（2006）が作成したソーシャルスキル尺度（小学生用）は、「集団行動」（20 項目）、「セルフコントロール」（10 項目）、「仲間関係スキル」（11 項目）、「コミュニケーションスキル」（15 項目）の 4 つの領域から構成されており、「集団行動」は「対人マナー」や「状況理解・心の理論」などの 4 つの下位スキルから成っています。このようなソーシャルスキル尺度を利用することで、身につけているスキルと身についていないスキルを評価したり、指導後に指導効果を測定したりすることができます[9]。

（2）コミュニケーションに関するアセスメント

　言語やコミュニケーションは、音韻論（音素や音韻などの音声に関する規則システム）、形態論（単語を構成する規則）、統語論（語順や文構造、文章構成などの規則）、意味論（意味に関する規則）、語用論（社会的文脈における言語の使用に関する規則）の観点に分けて整理することができます。このような領域のうち、ASD は音韻や形態については問題が示されないにも関わらず、語用論に課題があると言われています。

　語用論を含む言語コミュニケーション全般についてアセスメントする検査として、CCC–2 子どものコミュニケーション・チェックリスト（The Children's Communication Checklists Second Edition）があります（以下 CCC–2）。CCC–2 は、「音声」「文法」「意味」などを含む 10 領域について評価するチェックリストです。回答者は保護者か子どもをよく知る大人です。ASD の子どもの場合、「音声」「文法」「意味」に関する領域では良い得点を示す傾向がありますが、「場面に不適切な話し方」「定型化されたことば」「文脈の利用」「非言語的コミュニケーション」の語用領域で低い得点を示すことが報告されています。語用論的な側面について評価することができる検査は、ASD の子どものコミュニケーションの特徴を知るために有用なツールとなります[10]。

　紹介した対人関係とコミュニケーションのアセスメントの概略一覧を表6–1に示しました。

③ 対人関係とコミュニケーションの指導の留意点と指導の例

（1）自立活動の指導における ASD の指導例

　特別支援教育では、障害のある児童生徒の教育において、自立活動の指導を特別な教育課程として位置付けています。『特別支援学校教育要領・学習指導要領解説　自立活動編（幼稚部・小学部・中学部）』（以下、学習指導要領解説自立活動編）には、「障害のある幼児児童生徒の場合は、その障害によって、日常生活や学習場面において様々なつまずきや困難が生じることから、小・中学校等の幼児児童生徒と同じように心身の発達の段階等を考慮して教

表6-1 アセスメントの概略

	ADOS-2	PARS-TR	M-CHAT	日本版ヴァイン ランド-II	CCC-2
対象	ASD が疑われる人	ASD が疑われる子ども	ASD が疑われる子ども	障害のある人だけでなく定型発達にも利用可能	コミュニケーションに課題のある子ども
検査方法	ADOS-2の研修を受けた専門家が半構造化観察・面接を実施	保護者もしくは子どもをよく知っている人を対象に半構造化面接を実施	保護者もしくは子どもをよく知っている人が回答	保護者、介護者など検査対象者をよく知っている人を対象に半構造化面接実施	保護者もしくは子どもをよく知っている人が回答
年齢	月齢12ヶ月以上	就学前、小学生、中学生以上の3つの版がある	2歳前後	0歳～92歳11ヶ月	3歳半～15歳
概略	ASD の包括的な診断や支援・介入の効果を知る。	ASD の困り感とASD 傾向の関連性や支援ニーズ・手がかりを探る検査である	ASD の早期スクリーニングを目的とした検査である	包括的な適応行動を測定する検査である	子どものコミュニケーションを評価する

出典：文献4）、7）、8）、10）を元に著者作成。

育するだけでは十分とは言えない。そこで、個々の障害による学習上又は生活上の困難を改善・克服するための指導が必要となる」と説明されています[11]。つまり、発達段階に合わせた教科等の指導だけでは、障害に起因する困難をカバーすることができないために、障害に起因する困難を改善・克服するための指導である自立活動が必要である、ということになります。

　また関連して、「障害のある幼児児童生徒は、その障害によって、各教科等において育まれる資質・能力の育成につまずきなどが生じやすい。そのため、個々の実態把握によって導かれる『人間としての基本的な行動を遂行するために必要な要素』および『障害による学習上又は生活上の困難を改善・克服するために必要な要素』、いわゆる心身の調和的な発達の基盤に着目して指導するものが自立活動であり、自立活動の指導が各教科等において育まれる資質・能力を支える役割を担っている」と示されています[11]。自立活動の指導は、障害があることから生じる学びにくさや学びの偏りを補うための指導であり、習得すべき資質・能力を偏りなく獲得できるようにすることを目的とした指導内容であるといえます。

　自立活動には、「健康の保持」「心理的な安定」「人間関係の形成」「環境の把握」「身体の動き」「コミュニケーション」の6領域27項目の内容があります。本章との対応でいえば、「人間関係の形成」と「コミュニケーション」が直接的に関係する領域ということができます。表6-2と6-3に学習指導要領解説自立活動編に示されたASDの困難さと指導例を示しました。

　なお、自立活動の指導は項目単体で考えるのではなく、関連する領域や項目を組み合わせて指導内容を考える必要があります。例えば、「自己の理解と行動の調整に関すること」に示された例では、ASDの幼児児童生徒が、自己を理解し、状況に応じて行動できるようになるためには、例で示された項目の他に、「他者の意図や感情の理解に関すること」の項目などと関連づけることが求められたり、「環境の把握」に区分に示されている「感覚や認知の特性についての理解と対応に関すること」のような項目と関連づけたりすることが必要になります。同様に、「状況に応じたコミュニケーションに関すること」に示された例では、「心理的な安定」に示される「障害による学習上又は生活上の困難を改善・克服する意欲に関すること」に関連づけることで、話す意欲を育てることを考えたり、「人間関係の形成」に示される「他者の意図や感情の理解に関すること」と関連づけることで、相手の意図を読み取ることができる指導を含めたりすることが必要になります[11]。

（2）自立活動に類似したモデル

　マザーら（N. Mother）は、学習について基本的水準、表象的水準、概念的水準の3つの水準に分け、基本的水準に含まれる「注意と自己統制」「情緒」「行動」「自尊感情」は、あらゆる学習に影響を与える基礎的な要素であり、より上位の水準の学習を成立させるためには基本的水準を整えることが重要であると指摘しています[12]。表6-4に基本的水準の要素を示しました。対人関係とコミュニケーションに特化したモデルではありませんが、効果的に学習するために、「情緒」は自立活動の「心理的な安定」に相当する内容であると思いますし、「行動」や「自尊感情」は、「人間関係の形成」と関連する内容であると考えます。

　また、徳永は、ASDの教育における学習の基本構造として、「学習を支え

表6-2 「コミュニケーション」に関するASDの困難さと指導の例

項目	困難さ	指導例
コミュニケーションの基礎的能力に関すること	興味のある物を手にしたいという欲求が勝り、所有者のことを確認しないままで、他者の物を使ったり、他者が使っている物を無理に手に入れようとしたりする	周囲の者はそれらの行動が意思の表出や要求を伝達しようとした行為であることを理解するとともに、幼児児童生徒がより望ましい方法で意思や要求を伝えることができるよう指導する
言語の受容と表出に関すること	他者の意図を理解したり、自分の考えを相手に正しく伝えたりすることが難しい	・話す人の方向を見たり、話を聞く態度を形成したりするなど、他の人との関わりやコミュニケーションの基礎に関する指導を行う ・正確に他者とやりとりするために、絵や写真などの視覚的な手掛かりを活用しながら相手の話を聞くことや、メモ帳やタブレット型端末等を活用して自分の話したいことを相手に伝えるなど本人の障害の状態等に合わせて様々なコミュニケーション手段を用いる ・相手の言葉や表情などから、相手の意図を推測するような学習を通して、周囲の状況や他者の感情に配慮した伝え方ができるようにする
コミュニケーション手段の選択と活用に関すること	・言葉でのコミュニケーションが困難である ・順を追って説明することが困難であるため、聞き手に分かりやすい表現をすることができない	・自分の意思を適切に表し、相手に基本的な要求を伝えられるように身振りなどを身に付けたり、話し言葉を補うために絵カードやメモ、タブレット端末等の機器等を活用できるようにしたりする ・簡単な絵に吹き出しや簡単なセリフを書き加えたり、コミュニケーションボード上から、伝えたい項目を選択したりするなどの手段を練習しておき、必要に応じてそれらの方法の中から適切なものを選んで使用することができるようにする
状況に応じたコミュニケーションに関すること	・会話の内容や周囲の状況を読みとることが難しい場合があるため、状況にそぐわない受け答えをする ・援助を求めたり依頼したりするだけでなく、必要なことを伝えたり、相談したりすることが難しい ・コミュニケーションにすれ違いが生じることが多いことから、話す意欲が低下する	・相手の立場に合わせた言葉遣いや場に応じた声の大きさなど、場面にふさわしい表現方法を身に付ける。なお、その際には、実際の生活場面で、状況に応じたコミュニケーションを学ぶことができるような指導を行う ・日常的に報告の場面を作ることや相手に伝えるための話し方を学習する。ホワイトボードなどを使用して気持ちや考えを書きながら整理する ・安心して自分の気持ちを言葉で表現する経験を重ね、相談することのよさが実感できるように指導する ・自分のコミュニケーションの傾向を理解する

出典：文献11）を元に筆者作成。

表6-3　「人間関係の形成」に関するASDの困難さと指導の例

項目	困難さ	指導例
他者との関わりの基礎に関すること	他者との関わりを持とうとするが、その方法が十分に身に付いていない	・身近な教師との関わりから、教師との安定した関係を形成する ・やりとりの方法を大きく変えずに繰り返し指導して、そのやりとりの方法が定着するようにし、相互に関わり合う素地を作る ・言葉だけでなく、具体物や視覚的な情報も用いて分かりやすくする ・本人の好きな活動などにおいて、感情を表した絵やシンボルマーク等を用いながら、自分や、他者の気持ちを視覚的に理解したり、他者と気持ちの共有を図ったりするような指導を通して、信頼関係を築く
他者の意図や感情の理解に関すること	・言葉や表情、身振りなどを総合的に判断して相手の思いや感情を読み取り、それに応じて行動することが困難である ・言葉を字義通りに受け止めてしまうため、行動や表情に表れている相手の真意の読み取りを間違う	生活上の様々な場面を想定し、そこでの相手の言葉や表情などから、相手の立場や相手が考えていることなどを推測するような指導を通して、他者と関わる際の具体的な方法を身に付ける
自己の理解と行動の調整に関すること	・自分の長所や短所に関心が向きにくいなど、自己の理解が困難である ・「他者が自分をどう見ているか」、「どうしてそのような見方をするのか」など、他者の意図や感情の理解が十分でない	・体験的な活動を通して自分の得意なことや不得意なことの理解を促したり、他者の意図や感情を考え、それへの対応方法を身に付けたりする指導を関連付ける

出典：文献11）を元に筆者作成。

表6-4　基本的水準の要素

①注意と自己統制：注意を払う力と行動や衝動性等を自分で統制すること
②情　緒：抑鬱，心配，動機付けの低さなどを含む
③行　動：社会的スキルや指示に応じることなどの行為
④自尊感情：成功や失敗に起因して子どもがどのように自分自身をとらえ
　ているか。

出典：文献12）を元に筆者作成。

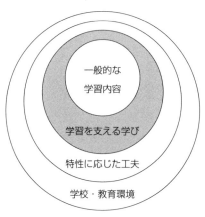

図6-1　ASDの子どもの学習に関する模式図

出典：文献13）。

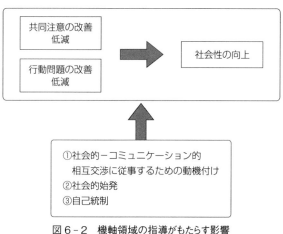

図6-2　機軸領域の指導がもたらす影響

出典：文献6）を元に筆者作成。

表6-5　共変性の領域

①まとまりのない混乱した行動（disruptive behave）の減少
②子どもの情動の改善
③発話明瞭度の改善
④教科的な学習の改善
⑤ステレオタイプで限定的な行動の減少
⑥社会性の領域での改善

出典：文献6）を元に筆者作成。

る学び」が必要であることを指摘しています（図6-1）。ASDの学習を支える学びとは、「学習態勢」「指示理解」「セルフマネージメント」「強化システムの理解」「表出性のコミュニケーション」「模倣」「注視物の選択」の7つのキーポイントから成っており、ASDの子どもの学びを促すために身につけておくべきポイントを示したものになります[13]。

　加えて、ケーゲルらが指摘した機軸領域もASDの学びを促す重要な指導領域であるということができます。彼らは、機軸領域に対する指導を行うことで、標的とした行動以外の共変的な改善と反応領域の般化が期待できると考えています。共変的な改善としては、標的とした行動だけではない行動や領域の改善です。図6-2に機軸領域の指導の模式図と、表6-5に共変的な領域の一覧を示しました[6]。

　このような共変的な改善の視点は、自立活動を考える上でも重要な視点です。自立活動の指導と教科の関連について、学習指導要領解説自立活動編では、各教科等の「内容」は、すべての幼児児童生徒に対して確実に指導しなければならない内容であり、自立活動の内容は個々の幼児児童生徒の実態に応じて必要な項目を選定して取り扱うものであることが指摘されています。加えて、指導したい教科の内容を学ぶ際の障害となっている事柄を改善するために、教科では扱わない指導内容を自立活動として教えることで、「障害があることから生じる学びにくさや学びの偏りを補う」ことが自立活動の指導であるとしています[11]。表6-6に教科と自立活動の関係に関する例を示しました。このような例を自立活動と教科の関係として考えるのであれば、機軸領域に対する指導が取り上げる共変的な改善の視点は自立活動の指導の評価において大事な視点であると考えます。

表6-6　教科と自立活動の関係

小学部の国語科1段階には「教師の話や読み聞かせに応じ、音声を模倣したり、表情や身振り、簡単な話し言葉などで表現したりすること。」が示されている。教師の音声を模倣して言葉で表現しようとするが、発音がはっきりしない場合には、呼気と吸気の調整がうまくできなかったり、母音や子音を発音する口の形を作ることが難しかったりすることなどが考えられる。 　このような場合には、コミュニケーションの区分における「言語の受容と表出に関すること。」などの自立活動の指導が必要になる。

出典：文献11）を元に筆者作成。

（3）対人関係とコミュニケーションの指導

1）初期コミュニケーションの指導

　ASD の幼児に対するコミュニケーションの指導では、要求言語行動を標的とする指導が多く報告されています。要求行動を標的としたコミュニケーション指導は、子どもの好みに応じた物品や活動を用意し、口頭、ジェスチャー、カードを手渡すなどの手段を用いて他者に表出することで好みの事物が手に入るという状況のもとで行います。そのため、子どもが何らかの手段で発信すると子どもが欲しい事物が手に入るという結果が伴うことになります。このような子どもの行動に伴う結果がわかりやすく、子どもにとって直接的で好ましい結果が得られることから、ASD の子どもにとってわかりやすい指導になります。一方で叙述言語行動は、他者に発信することで ASD の子どもが欲しい事物が手に入るという関係で構築された指導ではありません。子どもの発信行動に伴う他者からの応答は、微笑みかもしれませんし、「そうだね」という返事かもしれません。このような社会的な応答が子どもにとって好ましい事物であれば、叙述言語行動の発信頻度は増えるでしょう。しかしながら、ASD の子どもにとってこのような他者からの社会的な応答が必ずしも好ましい事物となるとは限らないのです。そのため、要求言語行動の指導よりも叙述言語行動の指導は難しい場合が多いと言えます。

　ASD を対象として絵カードと好ましい事物の交換することを通したコミュニケーション指導を PECS（picture exchange communication system）と言います[14]。PECS でも最初の指導は、要求による好ましい事物の獲得から開始します。最初は間近の人に向かって要求し、次のステップでは要求する人との距離が遠くなっても自分から移動して絵カードを交換することができるように指導します。次のステップでは、欲しい事物を選択して要求することが求められます。このように PECS では、少しずつステップアップして、コミュニケーションが拡げられるように指導を行っていきます。

　ケーゲルらは、「社会的―コミュニケーション的相互交渉に従事するための動機付け」を向上させる手続きとして、表6−7のような指導要素を取り上げています。これは、子どもの動機付けを促すアプローチであり、試みを強化したり、新しい課題の中にできるようになった課題を混ぜたりすること

表6-7　「社会的―コミュニケーション的相互交渉に
従事するための動機付け」に必要な手続き

①子どもが選ぶ
②行動しようとする試みを強化する
③維持課題と新しい課題を所々に挿入する
④自然で直接的な結果が行動に伴うようにする

出典：文献6）を元に筆者作成。

で、できるだけ正反応で終われるように工夫されています[6]。

　一方、コミュニケーションを直接的な標的としなくても、コミュニケーション行動や共同注意に対して共変的な改善をもたらしたことを報告した研究もあります。Ingersoll and Schreibman は、5名の自閉症と診断された幼児に対して、自然な文脈での相互的な模倣をターゲットにした指導を行った結果、模倣の増加と般化が認められたこと、加えてすべての幼児の言語模倣および2名の幼児では自発的な言語，5名中4名の幼児でごっこ遊び、自発的に対象物と大人を見る調整された共同注意に関して，共変的な改善が見られたことを報告しました[15]。自然な文脈における相互的な模倣が、社会的伝達的な障害を示す幼児にとって、好ましい刺激となったことを示唆する研究であり、人への興味や人との好ましいやりとりを形成することが、「社会的―コミュニケーション的相互交渉に従事するための動機付け」につながることを示していると考えます。

2）仲間関係の構築と維持に関する指導

　ASD の子どもは、友達を作ることや友達関係を維持することが難しく、孤立する傾向があります。しかしながら、前述したように孤立は青年期になると二次的な障害につながるリスクを上げるものであり、友達を作ることや友達関係を維持することは ASD の子どもたちにとってとても重要な指導となります。このような友達づくりのプログラムの一つに、PEERS プログラム（Program for Education and Enrichment of Relational Skills、以　下 PEERS）があります。PEERS プログラムは一般的な ASD の子どもに振る舞い方を教える社会的スキルの指導にとどまらず、「自分に合った友達を選ぶ」「会話から上手に抜ける」などのスキルを身に付けるプログラムになっています。無理なく友達を見つけ関係を維持する方法を教えるように計画されているため、

101

ASDの子どもたちにとって実行しやすいプログラムであると言えます。加えて、保護者が日常の機会をとらえて子どもにフィードバックするようにプログラムが作られており、保護者も一緒に適切なサポートの仕方を学びます。したがって、プログラムが終了した後も子どもが身に付けたスキルを維持・発展させることができるように工夫されたプログラムとなっています[16]。

3) 社会コミュニケーションと情動調整にアプローチする包括的・交流的な支援

SCERTSモデルは、ASDの「社会コミュニケーション」「情動調整」「交流型支援」に対するアプローチを核とするプログラムです。「社会コミュニケーション」は、他者とコミュニケーションをしたり、遊んだり、社会的環境の中で楽しみや喜びを共有することが含まれています。加えて、共同注意とシンボルの使用の2つの能力を獲得できるよう指導が行われます。「情動調整」とは、学習しやすい状態になるために必要な力です。情動調整の中には、他者に援助を求め、他者の支援に応じる「相互調整」、自分で調整された状態を維持する「自己調整」、「相互調整」や「自己調整」を通して「極度の調整不全から回復する」といった3つの情動の調整スキルが含まれています。「交流型支援」には、「対人間支援」、「学習支援」、「家族支援」、「専門家やその他のサービス提供者間の支援」の4つから成り立っています。ASDの子どもは複数の活動や人と関わる社会的な文脈の中で学習します。そのため、「交流型支援」は、ASDの子どもやその家族もしくはそのASDの子どもに関わるサービス提供者それぞれに対する支援が必要であり、相互的交流的に支援が行われることが重要であるとされています[17]。

つまりSCERTSモデルは、「交流型支援」に則って、「社会コミュニケーション」と「情動調整」の力を育てていくプログラムであると言えます。

（4）ASDの対人関係とコミュニケーションの自立活動の指導における留意点

ASDの対人関係とコミュニケーションに関する種々の指導やプログラムについて紹介しました。学校現場でこれらの指導やプログラムを参考として、自立活動を行う際の留意点について述べたいと思います。

①指導方法やプログラムを子どもに提供するのではなく、子どもに合わせて
　指導方法やプログラムを提供する

　当たり前のことですが、子どもに合わせた指導を行うことが重要です。多
くの指導プログラムは子どもに合わせるために、アセスメントを含んだプロ
グラムとなっていることが多いです。ただし、指導の順序や指導の仕方など
がある程度決まっている指導プログラムも多くあります。子どもの実態や生
活環境に合った指導プログラムとなっていれば問題はありませんが、そうで
ない場合には修正することが重要であると考えます。

②自立活動の目的や意味を考えて実施・評価を行う

　前述したように、自立活動の指導は自立活動で目標に到達すればいいとい
うことではありません。目標に到達したことで、関連する教科等の目標にも
好影響が表れているかなどの共変性について検討することが必要であると考
えてください。指導が効果的であるためには、教科等で目標としたい事柄を
達成するために、取り上げた自立活動が必要な要素であるか、標的とした自
立活動の目標に到達することによって、子どもを取り巻くいろいろな課題に
好影響を及ぼすか、子どもの生活の質が向上したかなどについて注目するこ
とが重要です。

　本章では特に対人関係とコミュニケーションに関する指導を取り上げまし
た。これらの内容は相互に関連付いたものですし、紹介したように ASD の
機軸領域といえる指導領域でもあります。コミュニケーションの指導を行う
ことで、他者に思いを伝える手段を学習し、実行できるようになれば、行動
問題が軽減することもあります。計画段階から自立活動として取り上げた目
標や内容がもたらす影響を考えて指導を行うことが重要となります。

③ ASD のある子どもの自己理解や周囲の関わる人の子ども理解も含めて指
　導を考える

　ASD のある子どもが自分の弱みや強みを理解できること、強みを活かす
ことができるようになることや弱みについて周囲から配慮や支援を受けられ
るように依頼できるようになることなどを考えて指導することも重要である
と考えます。ただし、配慮や支援の必要性はそれを受けた機会がなければ自
分に必要かどうかを理解することはできません。ASD に限るわけではない

表 6-8　支援の意味を考える

| ①教師が「わかる・できる」ために必要な条件を見つける |
| ②教師が「わかる・できる」ために必要な条件を用いて教える |
| ③子どもが「わかる・できる」ための条件を知り、メリットを感じる |
| ④子どもが「わかる・できる」ための条件を（助けをかりて）作り出せる |

ですが、教師として配慮や支援を考える際に、表6-8のように4つの段階で考えてみてください。今実施している配慮や支援は、最終的には子どもが必要性を理解してそれを作り出せるようになることにつながるもしくはつながるように指導するということです。

　特に、対人関係やコミュニケーションの問題は、本人側の問題だけで生じるわけではありません。本人が力を付けることはもちろん必要なことですが、本人の力に合わせて周囲が配慮したり支援したりすることでより良い効果があると考えます。

引用・参考文献

1）児山隆史・樋口和彦・三島修治（2015）「乳児の共同注意関連行動の発達——二項関係から三項関係への移行プロセスに注目して」、『教育臨床総合研究』14, 99–109頁。
2）大神英裕・実藤和佳子（2006）「共同注意——その発達と障害を巡る諸問題」、『教育心理学年報』45, 145–154頁。
3）Ozonoff, S., Iosif, A., Baguio, F., Cook, I. C., Hill, M. M., Hutman, T., Rogers, S. J., Rozga, A., Sangha, S., Sigman, M., Steinfeld, M. B., and Young, G. S.（2010）A Prospective Study of The Emergence of Early Behavioral Signs of Autism. *Journal of the American Academy of Child & Adolescent Psychiatry*, 49（3）, 256–266. 3）
4）Sparrow S. S., Cicchetti, D. V. and Balla. D. A.（2005）*Vineland Adaptive Behavior Scales Second Edition*. NCS Pearson, Inc.（辻井正次・村上隆［監修］『日本版 Vineland–Ⅱ適応行動尺度：面接フォームマニュアル』日本文化科学社、2014年）
5）日戸由刈・藤野博（2017）「自閉症スペクトラム障害児者の仲間・友人関係に関する研究動向と課題」、『東京学芸大学紀要　総合教育科学系』68（2）, 283–296頁。
6）Koegel, R. L. and Koegel, L. K.（2006）*Pivotal Response Treatments for Autism: Communication, Social, & Academic Development*. Baltimore: Paul H Brookes.
7）西嶋真理子（2022）「発達障害の可能性のある子どもと親への早期支援」、『日本地域看護学会誌』25（1）, 48–52頁。

8）西藤奈菜子・川端康雄・寺嶋繁典・米田博（2017）「ASD に関するアセスメントツールについて——新たなスクリーニング尺度の必要性」、『関西大学臨床心理専門職大学院紀要』7, 83–92 頁。

9）古池若葉（2009）「子どもの語用論的側面に関するアセスメント——その現状と課題、『跡見学園女子大学文学部紀要』42, 87–101 頁。

10）Bishop,D. V. M.（2003）*The Children's Communication Checklist Second Edition.* London: The Psychological Corporation.（大井学・藤野博・槻舘尚武・神尾陽子・権藤桂子・松井智子［日本版作成］『日本版 CCC–2 子どものコミュニケーション・チェックリストマニュアル』日本文化科学社、2016 年）

11）文部科学省（2018）『特別支援学校教育要領・学習指導要領解説　自立活動編（幼稚部、小学部・中学部）平成 30 年 3 月』開隆堂出版。

12）Mather, N. and Goldstein, S.（2008）*Learning Disabilities and Challenging Behavior.* Baltimore: Brookes.

13）徳永豊（2008）「自閉症の特性に応じた教育」、国立特別支援教育総合研究所（編著）『自閉症教育実践マスターブック』ジアース教育新社、2–9 頁。

14）山本淳一・楠本千枝子（2007）「自閉症スペクトラム障害の発達と支援」、『Cognitive Studies』14（4）, 621–639 頁。

15）Ingersoll, B. and Schreibman, L.（2006）Teaching Reciprocal Imitation Skills to Young Children with Autism Using a Naturalistic Behavioral Approach: Effects on Language, Pretend Play, and Joint Attention. *Journal of Autism and Developmental Disorders*, 36（4）, 487–505.

16）Laugeson, E. A（2013）The Science of Making Friends: Helping Socially Challenged Teens and young Adults. Hoboken, NJ: John Wiley & Sons, Inc.（辻井正次・山田智子［監訳］『友だち作りの科学——社会性に課題のある思春期・青年期のための SST ガイドブック』金剛出版、2017 年）

17）Prizant, B. M., Wetherby, A. M. Rubin. E., Laurent, A. C. and Rydell, J.（2006）*The SCERTS Model: A comprehensive educational approach for children with autism spectrum Disorders*（Volume1 Assessment）. Baltimore: Brookes.（長崎勤・吉田仰希・仲野真史［訳］『SCERTS モデル——自閉症スペクトラム障害の子どもたちのための包括的教育アプローチ　1 巻　アセスメント』日本文化科学社、2010 年）

（佐藤克敏）

第 **7** 章

ASD の行動面への指導

ASD は症候群であるゆえに、これまで様々な行動が指導の対象になってきました。行動面の指導を考えるとき、それらの行動をどうとらえ、理解すればよいのでしょうか。本章ではこのテーマに対して、特別支援学校教育要領・学習指導要領解説自立活動編に記載されている、行動面の問題の具体例を抽出・分析するという方法でアプローチします。

そして抽出した具体例について、類似性や共通点をもとに整理し、包括的反応モデル（後述）の立場から、どう取り組むべきかを考えます。そのうえで最後に、学校教育と強度行動障害の関連についても紹介します。

① 自立活動の「解説書」に例示されている行動面の問題

（1）例示の内容分析

『特別支援学校教育要領・学習指導要領解説　自立活動編』[1]では、自立活動の内容について6つの区分に分類・整理されていますが、その解説部分において、ASD 関連で計19、知的障害と ASD の併存関連2、合計で21の例示があります[2]。

この21の例示が扱っている問題点・課題を、自立活動の区分ごとに新たに整理したものが、表7-1です。表の「区分」は自立活動の6区分の内容を示し、「項目」は、各「区分」内で示されている「項目」の番号です。「ASD」、「知的／ ASD」の列にある数字は、それぞれにおける例示の記載順を示し、内容分類の列の「行」、「認」、「行／認」はそれぞれ、「行動面の問題」、「認知・言語面の問題」、「行動、認知・言語の両方に関連する問題」を

あらわします。網掛け部分は、「行動面の問題」あるいは「行動、認知・言語の両方に関連する問題」に関連する例示です。

(2) 行動面の問題を構造として捉える

表7−1の「行動面の問題」、「行動、認知・言語の両方に関連する問題」の数をみると、ASD関連が15、知的障害とASDの併存関連が2で、合計17の例示で扱われています。それらの「問題状況・問題内容」を、記述の類似性や関係性から整理したものが図7−1です。図中の点線で囲まれた文を「分析単位」とし、表7−1の17の例示の「問題点・課題内容」です。点線で囲まれた分析単位の冒頭のアルファベットは、A＝ASDに関する例示、I＝知的障害（Intellectual Disability）とASDの併存事例の例示を表し、その後の数字は、表7−1の例示番号です。

数字の後に「問題状況・問題内容」を記しています。複数の内容が記載されているものは、類似性を検討した内容に下線を加え、必要に応じて分析単位を複数作成（コピー）し、例示番号に下線をつけてあります。例えば「A14：自分のやり方への固執、手足の協調運動の困難性、自ら興味への過集中によるモデリング学習の難しさ」は、A14を複製（コピー）したもので、「手足の協調運動の困難性」の内容を元に類似性、関係性の検討が行われたことを意味します。この複製されたA14の分析単位は、A1とI1の分析単位とともに、「オ．運動・生活習慣未獲得による行動問題」のグループ（実線で囲われた部分）に分類されます。

図7−1のように、分析単位の類似性をもとに整理したグループは全部でア〜カの6個となり、それらの関係性について検討しました。

「ア．感覚過敏の存在」は、「イ．同一性保持の行動問題」、「ウ．感覚の問題を背景に持つ行動問題」に影響を与えています。つまりこの「イ．同一性保持の行動問題」、「ウ．感覚の問題を背景に持つ行動問題」がある子どもの行動に取り組む際には、ASDの感覚過敏への配慮が必要となることを意味します（一番外側の一点鎖線「過敏性を前提とした指導の必要性」の部分）。

また、外的刺激に対する過敏性がある一方で、自らの体内に由来する内的刺激等に対して鈍感なところがあり（「エ．自分の体調の理解・認知の困難性」）、

表7-1 自立活動解説書におけるASD記載事例の問題点と課題の内容

区分	項目	ASD	知的／ASD	問題点・課題内容	内容分類
健康の保持	1	1		衣食（偏食含む）のこだわり、整髪や整頓の習慣の未習得	行／認
		2		自らの不調・体調悪化の把握の困難さ、関心事への過度の集中	行／認
	4	3		感覚の過敏性とこだわり	行／認
	5		1	運動量の低下による肥満、不登校による運動量不足と食欲低下	行
心理的な安定	1	4		気持ちを適切に伝えられないことによる自傷・他傷、不適切な関わり	行
	2	5		急な予定変更への混乱、周囲への関心のひろがりと場面般化の困難	行／認
		6		同一性の保持や同一会話の繰り返しと切り替えの困難	行／認
人間関係の形成	1	7		関わろうとするが、そのためのスキル不足	行
	2	8		相手の言葉や表情、身振りなどの情報の統合することの困難性、字義通りの言葉の理解	認
	3	9		自己の短所・長所などの自己理解の困難と「心の理論」の未獲得	認
		10		光や音への過敏性とそれによる行動調整困難	行／認
環境の把握	2	11		聴覚、触覚過敏性とそれによる感情や思考の混乱、不足する感覚を補うための自己刺激	行／認
	3	12		聴覚過敏により特定の音を嫌がる	行／認
	5	13		「もう少し」などの抽象的な表現理解が苦手、興味あることに集中するため全体像の把握困難	認
身体の動き	5	14		自分のやり方への固執、手足の協調運動の困難性、自らの興味への過集中によるモデリング学習の難しさ	行／認
コミュニケーション	1	15		所有者に確認しないままの使用やクレーン行動	行／認
			2	他者への関心の薄さと他者への反応の薄さ	行／認
	2	16		他者意図理解と自分の意思伝達の困難	認
	4	17		言葉でのコミュニケーションの困難、順序だった伝達の困難	認
	5	18		会話内容や周囲の状況の読み取り困難	認
		19		援助や依頼は伝えられるが、必要なこと相談などが難しい	認

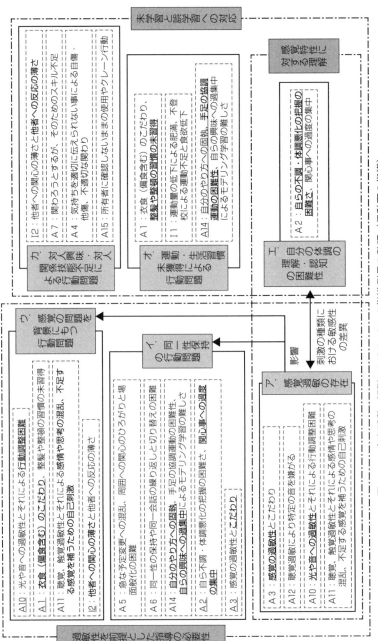

図 7-1 自立活動・解説における ASD の指導例示の整理（行動面の指導）

体調管理の自立に関しては第3者による配慮や指導が必要となる場合があります。その場合は、刺激に対する過敏性だけではなく、鈍感性を持ち合わせている場合があるといった、一点鎖線で囲われた「感覚特性に対する理解」が、指導の際に必要となります。

　ASDの行動面の指導において、「カ．対人興味・対人関係技能不足による行動問題」は、「イ．同一性保持の行動問題」と同様に、中核的な領域です。対人関係技能の未学習や誤学習の結果、他者とのやりとりにおいてトラブルが生じ（A7、A15）、さらには、自傷、他傷といった対処の難しい行動問題（A4）に発展することもあるため、ASDへのコミュニケーションスキルの指導は必須となります。また、対人興味の薄さや他者への反応の薄さ（I2）といった、コミュニケーションスキルの前提となる問題を抱えるASDも少なくないため、感覚過敏に配慮しながら、人への興味を増やす働きかけが指導の前提となります。

　ASDに特異的な問題ではなく、また障害の有無にかかわらず発達期の多くの児童生徒が学習すべき内容として、「オ．運動・生活習慣未習得による行動問題」があります。ASDにおいては、対人興味、コミュニケーションスキル、同一性の保持といった問題に焦点があたりがちですが、日常生活や生活習慣、健康維持に関する学習をすることが、すこやかな社会生活を行っていく上で柱となります。また、「エ．自分の体調の理解・認知の困難性」、「カ．対人興味・対人関係技能不足による行動問題」、「オ．運動・生活習慣未習得による行動問題」に対しては、一点鎖線で囲われた「未学習と誤学習への対応」の指導に取り組む必要があります。

❷　包括的反応モデルを基礎としたASDの行動の理解

（1）包括的反応モデルとは

　ASDが脳の器質障害論に基づいて理解される今、彼らの行動面の指導を考える上で手がかりになるのが、認知行動療法で用いられる包括的反応モデル[3]です。このモデルは、外部環境（他者）と個人が相互に作用しあうことを前提にしています。そして個人の中でも、「認知・思考」、「行動・言動」、

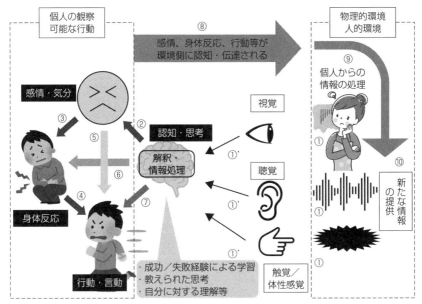

図7-2 包括的反応モデルを基礎としたASDの行動と環境との相互作用モデル

「身体反応」、「感情・気分」のそれぞれが相互に影響を及ぼし合う構造になっています。図7-2は、この包括的反応モデルを参考に、ASDの行動と環境との相互作用について示したものです。

(2) 外部からの情報の理解と解釈（認知・思考）

　ある刺激①（視覚刺激、聴覚刺激、触覚刺激）は、感覚器官を通して①'として脳に伝達されます。その感覚器官になんらかの問題があると、①の情報が、①'の情報に適切に反映されないことがあり、情報を増幅したり、減らしたりすることが必要となる場合があります。その工夫の例としては、弱視者の拡大鏡、難聴者の補聴器、聴覚過敏者のイヤマフ（遮音器）、視覚過敏者のサングラス、触覚過敏者の手袋の着用などがあります。

　脳は、①'の情報の処理（解釈・理解）を行いますが、この過程には、各個人の脳の特性や情報処理の得手・不得手などが影響を与えると考えられます。さらにその際、それまでの成功／失敗経験により身につけた対処法、教え

られてきた思考やとるべき行動パターン、生活する中で身につけた自分に対する理解などの、後天的な学習要因が解釈や理解に大きな影響を与えています。

(3) 観察可能な行動への理解と解釈の影響

　脳によって解釈・理解された情報は、②の情報として、感情・気分を司る脳の部位に伝達されます。伝達された②の情報によって「感情・気分」は影響を受け、場合によっては③の情報「身体反応」の発動に影響を与えたり、また⑤の情報として「行動・言動」を誘発します。「身体反応」は、さらに④の情報として「行動・言動」を引き起こします。

　脳が、同様の刺激を処理する経験を重ねてくると、それ以降の身体反応、行動・言動へ影響がより早く及ぶようになります（⑥、⑦）。この図では、「認知・思考」に関連する脳は、「感情・気分」、「身体反応」、「行動・言動」に対して情報を伝達しているだけのように描いてありますが、本来は「感情・気分」、「身体反応」、「行動・言動」からの脳への情報のフィードバックが存在します。しかし煩雑さを避けるため、図ではそのことを意味する矢印は、除いてあります。

(4) 物理的・人的環境との相互作用の影響

　個人の観察可能な「感情・気分」、「身体反応」、「行動・言動」は表出され、⑧の情報として、物理的環境、人的環境に認知・伝達されます。⑧の情報は、処理されて（⑨）、そのことが、新たな環境側の情報（⑩）として提供されていきます。このように、環境側から提供される情報と、個人の認知・行動に関する学習とは、相互作用的な関係にあります。

③　包括的反応モデルから考える ASD の行動面の指導

　図7-2に示したモデルを手がかりに、図7-1で整理した ASD の行動面の指導について考えてみましょう。

（1）過敏性が存在することへの配慮と情報補償

　1の（2）で述べたように、「イ．同一性保持の行動問題」と「ウ．感覚の問題を背景に持つ行動問題」は、「ア．感覚過敏の存在」の影響を受けていると考えられています。したがって、これらの項目に含まれる例示は、「過敏性を前提とした指導の必要性」を念頭におく必要があります。ASDの過敏性は、脳機能の問題と深く関連しているため、それ自体の改善は容易ではありません。指導のスタートとして、子どもには、指導者とは異なる次元で刺激の過敏性があるということを前提としましょう。ですから、嫌がる刺激に「さらして慣れさせる」といった指導方針は、行ってはいけません。より重篤な対人回避や不登校といった二次的な行動問題を引き起こしかねないからです。

　では、どうするのがよいでしょうか。まず、図7-2でみた①の情報の量、大きさ、内容を、子どもが処理できる程度にコントロールすることが大切です。聴覚情報（話しことば）の処理が苦手な場合は、視覚情報や運動感覚（体性感覚）刺激を同時に提供するなどして脳の情報処理を助けたり、負荷を減らしたりする工夫が必要となります。いわゆる視覚的構造化（絵や写真のかたちで理解しやすくする）といった方法は、①の段階での指導上の工夫になります。

　①-①'の過程では、先にも述べましたが、拡大鏡、補聴器、イヤマフ（遮音器）、サングラス、手袋などの使用などが例として考えられます。

（2）伝わる理解可能・確認可能な情報の提供

　「イ．同一性保持の行動問題」で示されている同一性の保持への固執、予定変更への混乱、周囲への関心の広がりの困難は、図7-2の①-①'-⑦の過程に問題が生じている可能性が考えられます。事前にこちらの情報提供（①）が伝わりやすいか（例：一方的に言葉のみで伝えていないか、どうすればよいか具体的に伝えているか、変更等を直前に突然伝えていないかなど）、ASDの子どもの情報の取得（①'）に問題がないか（例：周囲が騒がしく言葉が聞き取りづらくないか）を確認した上で取り組む必要があります。これらの確認ができていれば、⑦の同一性の保持への固執や、急な予定変更に対する混

乱は少なくなる可能性があります。

　周囲への関心の広がりの困難は、子どもが理解不能な情報から自らを遮断して安定を図るために行っている場合があります。周囲への関心を高めるためには、ASDの子どもの行動（⑦）のあと、⑧－⑨－⑩を経てポジティブな経験を積んでいくことが大切になります。まずは、①－①'－⑦の過程で情報が明確に伝わり、⑦の後の行動を適応的なものとし、その行動に対し周囲が積極的にポジティブな関わりをすることが、周囲への関心を育てる鍵となります。

（3）感覚の問題を背景に持つ行動問題への取り組み

　ASDの感覚過敏等にみられる「ウ．感覚の問題を背景に持つ行動問題」は、同一性の保持の行動（⑦）をとる場合と、混乱をして行動調整が難しいといった形（②、⑦）で表出される場合があります。基本的な対応は、本節（1）のところで示した①－①'の情報の伝達と取得の過程の確認をすることから始まります。音や光への過敏性からくる行動調整の困難（②、⑦）に対しては、①－①'の過程での取り組みが有効です。先にも述べましたが、子どもが我慢できるからといって、嫌悪的な刺激に繰り返しさらすといった方法は決して行わないで下さい。

　また、①－①'－②の段階における感情や思考の混乱に対しては、その行動問題を抑制する行動（⑦）、例えば、深呼吸やリラクゼーションスキルの指導を平常時から行い、感情や思考の混乱が起こったときに実施し、落ち着けることを指導することもできます。衣食についてのこだわりに取り組む際は、スモールステップ（⑦）を組みながら成功させ、それを周囲でほめる（⑧－⑨－⑩）というプロセスを繰り返すことが基本です。

　しかし、ここで重要なことは、スモールステップの最終的なゴールを、子どもの状態や子どもの意思等を踏まえて設定することです。また、認知面での発達に問題を抱えるASDの子どもの中には、不足する感覚を補うための自己刺激的行動を行う子もいます。例えば目の前で手をひらひらさせたり、体を前後に揺すったりするといった行動があります。このような場合も、①－①'の情報の伝達と取得の過程を確認した後に、人を呼んで活動をすると

いったコミュニケーション行動（⑦）を指導した上で、周囲はその要求に明確に対応していく（⑧－⑨－⑩）といった関わりを行います。

（4）未学習と誤学習を背景に持つ行動問題への取り組み

　図７－１における「未学習と誤学習への対応」の下位のグループは、「エ. 自分の体調の理解・認知の困難性」、「オ. 運動・生活習慣未獲得による行動問題」、「カ. 対人興味・対人関係技能不足による行動問題」の３つでした。この中でも「エ. 自分の体調の理解・認知の困難性」と「オ. 運動・生活習慣未獲得による行動問題」の２つの問題は、ASD に限らず知的障害や他の児童生徒にも見られるものです。これは、ある特定の場面において、適切な行動や望まれる行動が起こらないことが問題となっており、未学習、誤学習の状況と言えます。図７－２でみた、①－①'－⑦のつながりの「－⑦」が起こらない、あるいは間違った行動（⑦）が起こるという状況です。このような場合、身につけて欲しい行動（⑦）を学習しやすいように簡略化して、繰り返し指導を行う（①－①'－⑦－⑧－⑨－⑩）ことが重要です。

　繰り返しになりますが、「カ. 対人興味・対人関係技能不足による行動問題」は、ASD の問題の中核的なものです。「他者への反応の薄さ」に代表される ASD の対人興味の問題の背景には、感覚過敏の問題が背景に潜んでいる可能性があります。本節（2）（3）ですでにのべましたが、周囲への関心を高めるためには、ASD の子どもが、周囲とのやりとりの中でポジティブな経験を積んでいく必要があります。また、自己刺激行動などの一見他者に関心がないように見える行動でも、その生起をきっかけに社会的な行動が形成されていくように働きかける取り組みが必要です。このように、他者とのポジティブなやりとりを経験する中で、ASD の子どもたちは他者への興味関心を育んでいきます。

　次に必要となるのは、具体的な関わりスキルです。これについては、場面ごとに必要と思われる対人関係スキルを指導することになります。場面適応的な対人関係スキルを指導することに成功すれば、対人関係をきっかけとする自傷、他傷といった、場面に不適切な行動の低減を図ることができます。

(5) PDCA サイクルに基づく取り組みの重要性

　ここまで、包括的反応モデル（図7-2）に基づいて ASD の行動（図7-1）を理解するとともに、子どもへの対応のあり方を、行動と環境との相互作用という視点から考えてきました。対応自体は、上記の方法以外もいろいろあるかもしれませんが、重要なことは、Plan–Do–Check–Action（PDCA）サイクルに基づく効果的な指導を行うことです。そのためには、最初の Plan の時点で、行動問題がどう生起しているかの状況と、その生起後の周囲の対応から、問題が続いている要因を推測して取り組むことが大切になります。その際、図7-2は、Plan の手がかりになると考えます。

④ まとめにかえて──難治性の行動障害のある子どもとその保護者を支えるために

　ひどい自傷、強い他傷、激しいこだわり、激しいもの壊し、睡眠の大きな乱れ、食事関係の強い障害など、11種類にわたる重篤な行動障害のことを「強度行動障害」とよびます。これらの重篤で難治性の行動障害を有する障害児者の福祉施策として、「強度行動障害」という言葉が行政用語として初めて登場したのは、「強度行動障害者特別処遇事業」（1993年）においてでした。

　その施策では、上述したような11種類にわたる重篤な行動障害がその頻度（例：1日中、週1回など）ごとに評価点を与えられて、その合計点で「強度行動障害」を判定するシステムが適用されていました。このような「強度行動障害」のある人に向けた福祉施策が存在したことを、いま学校教育の関係者で知っている人はそれほど多くありません。この障害名だけでなく、「行動障害」という名称さえも、現行の学校教育法の条文の中に見つけることはできません。

　強度行動障害者特別処遇事業は障害者福祉サービスのパラダイムが、入所支援から在宅支援に変わっていく過程で1998年に廃止されましたが、在宅支援の行動援護の事業の中で同様な状態像の障害児者への支援が続けられています。2013年には「強度行動障害支援者養成研修（基礎研修）」、2014年

には「強度行動障害支援者養成研修（基礎研修）」が開始されました。現在では、これらの研修の受講が福祉事業所の加算の要件になっています。

　ASD の行動面への指導を考える本章の最後に、この「強度行動障害」に触れたのは、この障害が ASD と非常に関係が深いと考えられるからです。特別支援教育の専門家養成において、「強度行動障害」に対する認識や取り組みは、障害福祉の世界のそれと比べて非常に不十分で、適切に理解されていません。

　社会福祉法人「全日本手をつなぐ育成会」が実施した、行動障害のある児童生徒の保護者への聞き取り調査[4]に、「行動障害の状態像が重篤であったのはいつか」との設問がありました。それに対する保護者の回答では、状態像が重篤な状態は、小学校前期・後期から増え、中学校の時期に爆発的に増加し、高等学校の時期にピークを迎えます。そして、高校卒業後は、中学校の時期よりも低下するといった結果でした。これは、「強度行動障害」を含む行動障害は、学校教育が行われている時期に重篤な状態になっていることを示すものです。

　「強度行動障害」は、二次障害であると考えている人も少なくありません。支援に関わる人は、重篤な行動障害のある人たちを何とか支援したいと思っています。しかし、その思いと努力がうまくかみ合っていないことが、学校教育を受けている児童生徒に重篤な行動障害が起こる原因なのではないでしょうか。行動面の指導や重篤な行動障害への取り組みには、思いだけではなく、正しい知識と方法が必要です。この章で取り上げた取り組みを基礎に、さらに必要となる情報や技術を身につけながら行動障害の重篤化を予防し、この障害に苦しむ幼児・児童・生徒とその保護者への支援の輪に、より多くの支援者が積極的に加わってほしいと考えます。

引用・参考文献

1) 文部科学省（2018）『特別支援学校教育要領・学習指導要領解説　自立活動編（幼稚部・小学部・中学部）平成 30 年 3 月』開隆堂出版。
2) 肥後祥治・衛藤裕司・天海丈久（2021）「発達障害・知的障害の自立活動を展開するために必要な知識と方法論とは何か——自立活動の『解説』の記載内容の分析」、『九州地区国立大学教育系・文系研究論文集』8（1），No.8.

3）神村栄一（2008）「論理情動行動療法」、内山喜久雄・坂野雄二（編）『認知行動療法の技法と臨床』日本評論社、27–44頁。

4）社会福祉法人全日本手をつなぐ育成会（2013）「厚生労働省 平成24年度障害者総合福祉推進事業 強度行動障害の評価基準等に関する調査について報告書」。

（肥後祥治）

第 8 章

就学前、および卒業後の支援とその工夫

　自閉スペクトラム症（Autism Spectrum Disorder: 以下「ASD」）のある人の就学前、および卒業後の支援とその工夫について、制度の枠組みと事例を通して解説します。

　第1節では、就学前、学齢前期における支援機関への移行を中心に、ASDなどの医学的な診断が付きにくいASDの障害の発見困難と、保護者が「障害の理解」に向かうための支援方法について学びます。

　第2節では、学齢期以降の福祉への移行を中心に、高校卒業後からの、自立訓練、就労移行支援において作成する個別の支援計画を通した地域移行の実際について学びます。

1　就学前の支援

　ASDのある子どもを持つ保護者は、診断前の子育て中に、発語の遅れ等の状態を「早い時期に気づいて、とても不安だった」と言います。診断後は「やっと診断してもらえた」、「診断されてホッとした」などと言う保護者も少なくありません。多くの保護者が「障害があるのではないかと疑いを持つきっかけ」は「言葉の遅れ」であり、「言葉の遅れ」は個人差が大きく（表8-1）[1]、「発達上の課題を持っている可能性」（図8-1）があっても、「発声発語器官の障害」や「周囲の言語環境」による母国語の獲得の遅れの可能性もあります。

　ASDの場合、早期に明確な医学的診断ができる割合は大きくなく、行動観察に基づく操作的診断を主とすることから、多くの場合、確定診断は5歳

表 8-1　発達初期の言葉の発達に関する個人差（デンバー発達判定法による）

	割合（%）と通過月数			
	25%	50%	75%	90%
意味なくパパ、ママと言う	6.0 か月	8.0	10.0	12.0
意味のある言葉を二語	9.2	12.0	14.8	17.6
ママ、パパ以外に三語	13.2	15.6	18.0	20.4
二語文	19.7	22.7	2 歳 1 ヶ月	2 歳 5 ヶ月

＊個人差が大きいことがよく分かる。
出典：文献 1）より抜粋。

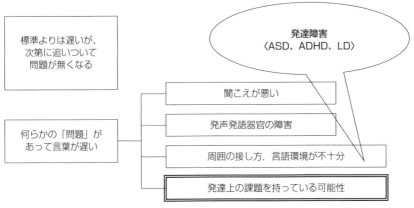

図 8-1　言葉の遅れの要因は様々

児あたりにならざるを得ません。そのため、ASD の保護者は適切な支援を
受けられないまま就学直前まで過ごすことが多くあります。適切な支援を受
けられない保護者はインターネットなどの情報に頼りがちになり、精神的に
疲弊してしまう場合も多い状況です。

　最近の就学前の支援については、1 歳 6 ヶ月健診や 3 歳児健診で障害に気
づき、早期に区市町村が設置する療育センターや児童発達支援事業、保育所
等訪問支援事業などの事業（子育て相談や心理発達相談など）を活用するよう
になっています。このように、健診、事後相談、地域資源との連携支援につ

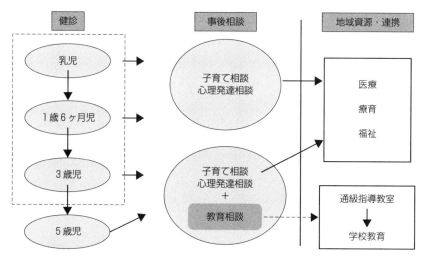

図8-2　療育センター等による発達障がいの発見とその後の支援

出典：厚労省の HP より改変。

なげる仕組みでその支援に取り組まれています（図8-2）。

　しかし ASD の場合、これまで述べてきたように診断に慎重にならざるを得ないため、就学前の支援開始が遅れることが多く、小学校入学が近い5・6歳の段階での支援開始となり、就学前の教育相談や就学後の通級による指導を活用するなど、学校教育との円滑な接続に向けて関連機関の濃厚な連携が大切になります[2]。

（1）早期支援体制の整備と就学に向けた支援

　障害に対する気づきから、診断に至るまでの経過は様々です。いずれにせよ、早期発見から早期支援につなげることが大切です。そのためには、診断前の「気になる」といった段階からの保護者やその子どもへの支援が重要です。つまり、乳幼児健診は、これまでのような乳幼児の死亡率を減少させるといった目的から、障害の発生予防、ハイリスク児の早期発見、母子の保健指導といった側面を重視するようになっています。このようなことから、診断前後の乳幼児期においては、気づきから診断までは「医療・保健」分野が中心に、次に保護者や子どもの支援は「福祉・療育」分野が中心に、その後

の子どもの育ちの支援は「教育」分野が中心にと、それぞれの分野が連続性を持ち、つながることが大切になります。診断前後の乳幼児期は、このような多種多様な支援機関の連携・協力が求められる重要な時期であり、一貫性と継続性のある支援体制の基盤を築くことが重要です[3]。

(2) 障害児福祉サービス

　2012年の児童福祉法の改正により、これまで障害種別に分かれていたサービスが、障害種ではなく、通所・入所という枠組みでサービスが一元化されました。主に、障害児支援につながる給付と相談支援につながる給付という枠組みで整理されています（図8-3）[4]。

(3) 児童発達支援「センター的機能」と「地域療育機能」

　2012年の児童福祉法改正により、児童発達支援が制度化されました。現行の児童発達支援には、①児童発達支援センターと、②児童発達支援事業の2種類があります。どちらも、「通所」利用の子どもやその家族に対する支

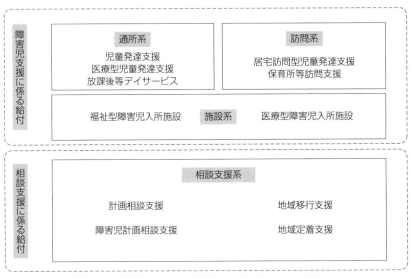

図8-3　障害福祉サービス等の体系（介護給付・訓練等給付）

出典：厚生労働省HPを参考に筆者作成

援を行うことを目的としていますが、前者の「児童発達支援センター」は、施設の有する専門機能を生かし、地域の子どもやその家族への相談、子どもを預かる施設への援助・助言を合わせて行うなど、地域の中核的な療育支援施設としてセンター的機能を担っていることに特色があります。一方「児童発達支援事業」は、子どもやその家族に対する直接支援を行う身近な療育の場としての特色があります。

（4）就学に向けた支援

就学時期は、これまで医療や福祉を中心に支援してきた段階から、教育の場への移行を意味する重要な時期でもあります。教育の分野では、2002年の「障害のある児童生徒の就学について」[5]を皮切りに、就学基準について変更が行われてきました。現在では、自治体によって差があるものの、就学時健診等も充実してきており、一人一人の教育的ニーズに応じた教育機会を得やすい状況になってきています[5][6]。令和3年6月30日に通達された「障害のある子供の教育支援の手引き〜子供たち一人一人の教育的ニーズを踏まえた学びの充実に向けて〜」において、就学にかかる内容として、①就学先決定等のプロセスに基づく教育支援の質的な向上、②就学先となる学校や学びの場における教育機能等の具体化、③情報の引き継ぎ等を重視した対応等の提言がされています[7]。

（5）就学前の支援──子ども理解が大切

ASD のある人を支える早期支援システムや就学前の支援において、「根拠に基づく療育・支援」を理念として様々な理論や方法論がこれまで議論されてきました。しかし、ASD のある子どもの療育として確固とした理論や方法論は確立されたとは言いきれない状況です。したがって、そういった理論や方法論に頼りすぎることなく、目の前の子ども一人一人の状態を客観的に捉えるアセスメントを通して、子どもの理解を進めることが重要です。診断名や療育／支援技法に左右されることなく、一人一人の状態に応じたアセスメントを行い、そこで得た実態把握の情報を根拠に、支援チームを築き、チームで具体的なアプローチ方法を検討し、評価改善を繰り返しながら支援

を進めていくことこそが、ASD のある人にとって、最も効果的なアプロー
チであると考えられます。

(6) 診断前の障害の理解に基づく支援の実際

　ここでは、診断前の障害の理解に基づく支援の実際について、3歳児検診
の保護者の心配から、就学前の支援体制の構築までを、事例を通して学びま
す。

1）Aさんの様子

　Aさんは、3歳になったばかりの男児でした。2歳までに「ママ」や「バ
アバ」などの単語を話していたのですが、3歳時は全く話さなくなり、保護
者は心配で仕方ありませんでした。3歳児健診の通知が届き、健診の際に担
当医に不安感を伝えましたが、「様子を見ましょう」と言われて、帰されて
しまいました。しかし健診の際に周囲の子どもたちが2語文程度のおしゃべ
りをしているのを見て、保護者はAさんの「遅れ」を感じ取り、近所のか
かりつけの小児科で相談したところ、地域療育センターを紹介されました。
連絡をすると、医師との面接は予約者が多く、数年待つ必要があると言われ
たのですが、幸いにも「診断前療育」を行うB療育機関を紹介されました。

　Aさんは、言葉の遅れだけではなく、その場に落ち着いていられない、着
席できない、自分の手を噛む、母親の髪の毛を引っ張る、興奮しやすいなど
の行動的な問題が顕著でした。それでも、家族からの言葉による指示には従
うことができたり、図鑑の内容を覚えて、「動物」や「昆虫」の名前を言わ
れたら指さしで答えたりすることができていました。

2）Aさんの「診断前療育」とその手続き

　「診断前療育」として紹介されたB療育機関では、「児童発達支援事業」
として約1割の自己負担で療育を受けることができると保護者は説明を受け
ました。次に「児童発達支援事業」のサービスを受給するための「受給者
証」を住民票のある市役所に申請に行く必要があると案内されました。市役
所の福祉課に予約して、訪問したところ、担当者からは、「児童発達支援事
業」のサービス支給量（何日、何時間、サービスを受けたいか）の希望を尋ね
られましたが、「分からない」と答えたところ、「まずは10日程度にしてお

きますので、増やす希望がありましたら、改めてお問い合わせください」と言われました。また、Aさんのご家庭は、両親と兄（小学生）の4人家族でしたが、母親が育児に専念するために仕事を辞めていることなどから、療育を受けるのに必要な約1割の自己負担金は「免除」になる可能性が高いと伝えられました。

3）療育の実際

Aさんの個別の支援計画が作成され、療育と医療の2機関の綿密な連携のもとに、療育が進められました。週に2回程度のB療育機関への通所以外にも、オンラインでの両親からの相談機会も設けられました。通所の療育では、Aさんが机に座って簡単な課題をすることができるようにする療育、先生の後から単語を発声する療育や親子で行う感覚統合、さらには、同じ時間に来ている保護者同士が情報交換したり、小学校低学年のASDの診断のあるお子さんの保護者とお話ししたりする機会がありました。

半年後の4月、Aさんは、地元の障害のある幼児を受け入れた経験のある幼稚園に通園することになりました。保護者を中心にB療育機関と幼稚園の話し合いも行われ、「保育所等訪問支援事業」を活用して週に1回程度、B療育機関から幼稚園への専門家の訪問支援を利用しました。具体的な訪問支援の内容は次のものでした。

Aさんは半年間の療育で着席行動ができるようになったのですが、視覚的な写真カードを用いた個人のスケジュールが無いと、混乱して泣いてしまうことがありました。そこで、Aさんのことをよく知るB療育機関の先生が、1日1時間程度、幼稚園でのAさんの様子を観察し、写真カードを用いた個人のスケジュールについて、幼稚園の園長や担任の先生に直接に助言して、報告書を作成しました。その結果、Aさんは落ち着いて幼稚園での活動に取り組むことができるようになりました。

（7）診断後のアセスメントに基づく親子関係の構築

幼稚園の年少の3月に、Aさんは、医療機関から知的障害を伴うASDの診断を受けました。両親は、「療育で他のお子さんを観察していたので、自分の子どももASDだとは思っていたから驚かなかった」そうです。一方で、

「ASD だと診断が出たことで、必要な支援に本腰を入れて取り組みたいという希望が強くなった」とのことです。そのため、療育を続けたいという希望があり、診断後も同じ療育機関で療育を受けることになりました。

1）子ども理解のためのアセスメント

　診断の際には、医療機関の心理専門家による WISC–Ⅳ の検査がありました。全検査 IQ（FSIQ）は 76、言語理解（VCI）は 86、知覚推理（PRI）は 95、ワーキングメモリ（WMI）は 73、処理速度（PSI）は 70 でした。医療機関、療育機関、家族が一堂に会して行った連携協議会で、心理専門家からは、全体的に知的な発達の遅れがあるが、特にワーキングメモリに関する支援が必要だと報告されました。これまでどおり、視覚的な写真カードを用いた個人のスケジュールや、コミュニケーションの補助具としての絵カードの利用などが話し合いの中で確認されました。

　また、療育機関からは、A さんの「自分の手を噛む」、「髪の毛を引っ張る」などの感覚処理の問題への対応のために、日本版感覚プロファイル（Sensory Profile）検査を作業療法士が行ったことが報告されました。検査の結果、刺激の受け取り方の鈍さ（低登録）と、自らたくさん刺激を入れようとする（探求）という結果が出ました。

2）アセスメントを生かした包括的な支援体制の構築

　A さんの支援には、「診断前療育」という地域独自の対策が取られ、家族の不安をできるだけ減らすことができました。特に先輩のお母さんから子育ての経験を共有できたことは、「見通しが持ててとても安心した」そうです。また、早期から医療、療育、教育（幼稚園）が連携し、アセスメントの結果や療育や教育への具体的な方策を共有することができたことにより、A さんは統合された環境で、適切な支援を受けながら滞りなく生活することができました。視覚的な写真カードを用いた個人のスケジュールや、コミュニケーションの補助具としての絵カードの利用に加え、感覚処理の問題への対応として、スケジュールの中に、お茶を飲んだりするのと同じように、感覚を満たすことができるエリアである「センソリーエリア」[8] の活用を組み込みました（図 8–4）。このことで、授業中や課題学習中に、離席（感覚の入力）することが減りました。

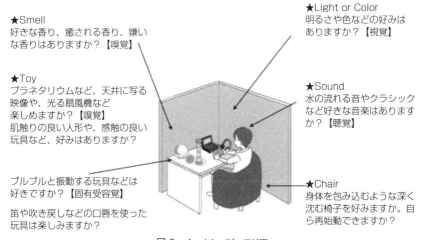

★Smell
好きな香り、癒される香り、嫌い
な香りはありますか？【嗅覚】

★Light or Color
明るさや色などの好みは
ありますか？【視覚】

★Toy
プラネタリウムなど、天井に写る
映像や、光る扇風機など
楽しめますか？【嗅覚】
肌触りの良い人形や、感触の良い
玩具など、好みはありますか？

★Sound
水の流れる音やクラシック
など好きな音楽はあります
か？【聴覚】

ブルブルと振動する玩具などは
好きですか？【固有受容覚】

笛や吹き戻しなどの口唇を使った
玩具は楽しみますか？

★Chair
身体を包み込むような深く
沈む椅子を好みますか。自
ら再始動できますか？

図8-4　センソリーエリア

出典：文献8)。

3）就学に向けて、更なる包括的な支援体制を目指す

　Aさんは、障害の理解を進めることで、支援の輪が広がり、就学先として、幼稚園の同級生のほとんどが進学する地元の小学校の特別支援学級に就学することを希望しています。今後は、就学支援委員会などのアドバイスを参考にしながら、改めて医療機関、療育機関に加え、小学校の特別支援教育コーディネーターとも連携協議会で話し合いながら、就学先選択を支援しようと考えています。

② 福祉サービスとその活用のポイント

　ここでは、ASDのある人が就学期間を終え、本格的に福祉を活用する際のポイントを学びます。就学期間を終えるということは、成人期を迎えるということでもあり、家族からの支援はあるものの、本人の「自己選択」を中心とした生活への移行を意味します。ここでは、高校卒業後からの、自立訓練（生活訓練）、就労移行支援において作成する「個別の移行支援計画」（個別のポートフォリオ）を通して、ASDのある人が地域生活へ移行する実際について、事例を通して学びます。

（1）自立訓練、就労移行支援等の福祉制度

　ここでは、ASD のある人の、就学期間を終えた後の、本格的に福祉を活用する際のポイントを学びます。

1）障害者福祉サービス

　「学校から社会へ」、「子どもから大人へ」——ここではまず就学期間を終えた青年期の ASD のある人が利用する福祉サービスについて概観します。

　障害者福祉制度は、行政がサービスを一方的に決定する「措置制度」でしたが、2003 年に「支援費制度」が導入され、障害のある人が利用する福祉サービスを、本人が自己選択・自己決定する制度になりました。現在は、障害者自立支援法から「障害者の日常生活及び社会生活を総合的に支援するための法律（障害者総合支援法）」を柱として福祉サービスが体系化されています。介護等給付と訓練等給付の 2 類型で整理されており、介護給付はさらに、①訪問系、②日中活動系、③訪問系に整理されます。居宅介護、行動援護、短期入所、生活介護、施設入所支援がこの中に含まれます。一方、訓練等給付は①居住系、②訓練・就労系に整理されます。共同生活援助（いわゆるグループホーム）、就労移行支援、就労継続 A 型 B 型、自立訓練、就労定着支援がこの中に含まれます（図 8 - 5）[9]。

2）障害者の雇用制度

　次に障害者雇用に関する制度について概観します。現在、障害者雇用に関する制度や施策は、①障害者雇用促進法、②障害者差別解消法、③障害者虐待防止法の 3 つの法令を基礎として展開されています。障害者雇用の推移としては、1960 年の身体障害者雇用促進法の制定を皮切りに、約 10 年ごとに、身体障害、知的障害、精神障害を対象とするように制度の整備が進んでいます。障害者雇用率制度により、企業は一定数の障害者を雇用しなければならない義務を負っています。その対象は、身体障害、知的障害、精神障害の 3 つの障害で、発達障害である ASD は、知的障害を伴う場合には知的障害、知的障害を伴わない場合には精神障害として対応が検討されます。企業の障害者雇用の義務違反は、法律違反をする企業という「レッテルを貼られること」になり、信用の問題となります。したがって、企業の社会的責任の観点から、雇用率の法令遵守について、近年重要性が増しています[10]。一方で、

図8-5　障害福祉サービス体系（障害児支援、相談支援に係る給付）

出典：厚生労働省 HP を参考に筆者作成。

雇用した障害のある人を農園などのサテライトオフィスで働かせて、そのマネジメントを全く別の企業が行う代行ビジネスも近年増加しています。近年、障害者雇用率の増加に伴い、企業就労者は増加していますが、障害者雇用を取り巻くモラル・倫理観が問われているとも言えます[10]。

3) 新しい働き方

　最後に、近年の新しい動向について東京都の動きを紹介します。2019 年 12 月に、「都民の就労の支援に係る施策の推進とソーシャルファームの促進に関する条例」が制定されました。ソーシャルファームとは、「就労困難者と認められる者の就労と自立を進めるため、事業からの収入を主たる財源としながら、その職場において、就労困難者として認められる者が他の従業員と共に働いている社会的企業」のことです[11]。東京都はこのようなソーシャルファームの創設や活動を促進することで、就労困難者の就労支援を効果的に実施すると謳っており、このような動きは、今後の ASD の人の就職先を検討する上で注目に値する取り組みです。

(2) 個別の移行支援計画を通した地域移行

成人期を迎えると、家族からの支援はあるものの、具体的には本人による「自己選択」中心の生活に移行します。そのためにも、高校卒業後からの、自立訓練、就労移行支援において作成する個別の移行支援計画（個別のポートフォリオ）に自分の選択や決定をまとめておく必要が生じます。

1) 移行期の捉え方

学校教育終了に伴う進路選択では、「学校から社会へ」という側面と、「子どもから大人へ」という側面がある移行期になります[12]。それは、今まで親に守られ、与えられ、管理されていた生活から、自分で選び、決定し、結果の責任を引き受ける生活への移行を意味します。ASD のある人にとって、この移行期に最も大切にしたいことは、本人の想いや、これまでの支援の積み重ねについて、①移行先に切れ目なく引き継ぐこと、②支援を継続し、一貫性のある支援を継続的に実行し続けることです。支援者が変わると支援が途切れてしまうことは無くしていく必要があります。そこで重要なのが「個別の移行支援計画」の活用です。

2) 個別の移行支援計画

2000 年代初頭から「個別の移行支援計画」の重要性と開発が行なわれました[12]。アメリカでも個別障害者教育法によって、学校から職場への移行に際して「ITP」（Individualized Transition Plan: 個別の移行支援計画）を作成することを法的に整備するなど進めており、国内だけでなく、海外の動向も含めて個別の移行支援計画が重視されています。個別の移行支援計画は、個別の支援計画と併せて作成します。主に卒業後の関係者に対して①適切な支援を引き継ぐことや、②連携・協力関係を要請することを目的としたツールです。支援者が変わっても一貫性と継続性のある支援をつなぐためのものです。

(3) 個別の移行支援計画を活用した就労支援の実際

ここでは、個別の移行支援計画を活用した ASD のある人が地域へ移行する実際について、事例を通して学びます。

1) A さんのプロフィール

A さんは、重度知的障がいと ASD の診断を受けている方です。1 歳半健

診時に障害について指摘され、地域の療育教室に通所を開始しました。幼児期から療育に取り組み、地域の保育園、小学校を経て、中学部、高等部は特別支援学校（知的障害）に在籍、卒業後は自立訓練（生活訓練）、就労移行支援を経て、特例子会社に就労しました。現在は就労しそれを継続していて3年目です。

2）支援内容の方針

Aさんの支援計画を作成するにあたって、①生活、職業についての希望の聞き取り、②実態把握やアセスメントの実施、③「体験」を重視した職業訓練、④個別の移行支援計画の作成、⑤個別の移行支援計画を活用した就職活動の段階を踏まえました。

ASDのある人を含めて多くの人は、これまでの「経験」をもとに意思決定を行う傾向があります。そこで、新たな「体験」を重視した訓練機会を用意する方針を立てました。障害の種類や程度に関わらず、本人の希望に沿った「現場経験」の場を用意し、とにかく挑戦の機会をつくりました。新たな挑戦の機会を得ないまま、意思決定して、自分らしい夢に挑戦する機会を失うことは避けたいという考えです。実際にAさん本人が体験し、その結果どうするか「自己選択・自己決定」できるように支援することを重視しました。

3）支援の実際

Aさんの支援を展開していく上でのポイントについて、段階ごとに紹介します。

①生活、職業についての希望の聞き取り

Aさんと何度も対話を重ね、「（信頼できる）仲間と一緒に働きたい」という希望があることが明らかになりました。重視すべき要件は、「何をするか」よりも「誰とするか」であることが分かってきました。知的障害を伴うASDのあるAさんは、そういう気持ちを言語で表現することが苦手であり、本人の意向として支援計画に明記し、就職先の関係者に連携・協力を要請する際にも大切にしました。

②実態把握やアセスメントの実施

「働くことを通して、人生が豊かになる（幸せに生きる）こと」を念頭に、

生活習慣に重点を置いた生活状況実態把握と、本人の意思決定を支援するための本人や家族の希望調査を実施しました。

　Aさんの希望については、基本的な体験が不足しているため、何が自分に適した仕事なのか、自分がやりたい仕事は何か、ということが、本人の中で整理されていないことが分かりました。そこで、事前に業種を絞りすぎずに、複数の仕事についてインターンシップを通して「体験」してもらい、そこから自分の適性や具体的な進路先を探していくようにして、本人にも了承を得ました。

③「体験」を重視した職業訓練

　Aさんは、新しい業種に次々とチャレンジするよりは、同じ職場での定期的な職業体験を積む方が向いていると、実態把握で明らかになっていたので、業種の異なる3つのインターンシップ先（食品加工、飲食／販売の小売店での接客、バックヤード業務）を選定し、定期的な職業経験を積んでいきました。インターンシップが終わった後には必ず、インターンシップをとおして本人の感じたこと、インターンシップ先で受けた評価など、支援員と個別のカウンセリングを実施しました。個人内での振り返りだけでなく、支援者との対話をとおして次第に自己理解や職場理解を深める様子がみられました。そういった取り組みの様子も個別の移行支援計画に記録しました。

④個別の移行支援計画の作成

　Aさんの個別の移行支援計画では、年度当初に進路希望の出ていたX社や、ご本人の希望に近く就労先としても現実的なY社への就職をイメージして、その作成を行いました。この計画は、本人の夢や希望する生活を実現するためのものであり、本人とその家族や支援者との協働となりました

　この計画には、幼少期から現在に至るまでのエピソード（生活史）、個に応じた合理的配慮、具体的な支援の引き継ぎ事項、インターンシップでの様子や実習評価、本人の学習成果や制作物、就職活動用の自己PR資料などの文書だけでなく、写真や動画を使って様々な表現方法でまとめる点が特徴です。

　このように、動画や写真を使った資料を相手に見てもらうことで、自分の意思を適切に伝えたり、就職活動で自己PRをしたり、関係者に支援や連携

の要請を行うことを可能にしました。個別の移行支援計画の作成活用を通して実際に感じたことは、本人が自己理解を深め、本人の想いに向かって進めるよう支援することができたということです。

⑤個別の移行支援計画を活用した就職活動の段階1＝就職活動支援

　Z社は特例子会社で、食品製造を行っている企業です。AさんはZ社に絞り、これまでの体験的なインターンシップではなく、今度は就労を見据えた企業インターンシップに挑戦するになりました。事前ガイダンスや面接を経て、いよいよインターンシップを開始しました。やはり企業就労の壁は高く、初回の振り返り面接時には、とても手厳しい評価を受けました。もう就労は難しいのではないかと半分諦めたほどでした。

　しかし、Aさんの行動で指摘された点については、すぐに在籍する就労移行支援事務所TRYFULL（以下T事業所）で改善する取り組みを始めました。指摘を受けた点について、徹底的に改善するための練習を重ね、その様子を個別の移行支援計画にまとめて、2回目のインターンシップの際に持参しました。管理者に改めて、動画を駆使したこの計画を提示して、インターンシップに再挑戦させてほしいと依頼しました。

　その結果、この2回目のインターンシップでは、1回目に比べて高い評価をもらうことができました。そういった経緯を経て、就職希望の応募を提出しました。その間、T事業所では実際の就職面接を想定して、プレゼンテーションや就職面接の練習を行いました。そういった準備を進めて就職試験に臨んだ結果、念願だったC社への就労を実現することができました。

⑥個別の移行支援計画を活用した就職活動の段階2＝定着支援

　ASDのある人は、早々に離職してしまうケースが後を絶ちません。そこで「定着支援」というサポートが重要になります。Aさんは相談支援事業所や障害者就業・生活支援センターから多様な支援機関のサポートを受ける体制が整っていました。職場適応期間には、T事業所が主導する形で支援機関と連絡を取り合い、合同で見学に行く機会を設定し情報共有を重ねました。また、日々の健康状態について、家庭内で把握した情報をクラウドで共有、個別の移行支援計画上に反映させ、それにコメントするなどして支援を続けました。Z社の担当者から業務に関する技能について指摘された場合には、

Aさんがお休みの日にT事業所に来てもらい、技能のフォローアップを個別に行い、改善を図りました。3ヶ月、6ヶ月、1年と月日を重ね、現在では就労して3年が経ちます。

　1年に1回、T事業所、本人、家族、企業、その他の関係者が一堂に会して、個別の移行支援計画を年に1回更新する日を設定しています。これらの取り組みのおかげで、Aさんがこの職場に継続して就労できていると考えます。

(4) 福祉サービスとその活用のポイント

　就学前から成人期にかけて、QOLの高い生活を送るためには今後、より一層本人の「自己選択・自己決定」が大切になります。しかし、ASDのある人はコミュニケーションの困難さから、自分の意志を適切に伝えることが難しいことが多くあります。したがって、あらかじめご本人の思いや、専門家による適切な評価に基づく合理的配慮の情報等を、個別の移行支援計画にまとめ、それを媒介とした福祉サービスを活用することがとても大切となります。そういう意味で、今後は現行の障害者区分で福祉サービスの支給が決定される仕組みから、個別の移行支援計画の情報に基づく福祉サービスの支給決定がなされる仕組みへと、福祉サービス全体がアップデートされることを期待しています。

＊　　　＊

　この章では、自閉スペクトラム症（ASD）のある人の就学前、および卒業後の支援とその工夫について、制度の枠組みと事例を通して解説しました。

　就学前、学齢前期における支援機関との接続を中心に、ASDなどの医学的な診断が付きにくいグレーゾーンへの対応と、保護者の「障害の理解」に基づく支援方法について学びました。

　学齢期以降、福祉との接続を中心に、高校卒業後からの、自立訓練、就労移行支援において作成する個別の移行支援計画（個別のポートフォリオ）をとおした地域移行の実際について取りあげました。

引用・参考文献 ─────────

1）小児保健協会（2003）『DENVER Ⅱ　デンバー発達判定法』日本小児医事出版社。
2）厚生労働省（2007）「軽度発達障害児に対する気づきと支援のマニュアル」。https://
　　www.mhlw.go.jp/bunya/kodomo/boshi-hoken07/
3）清水直治・宮﨑英憲・緒方登士雄（2004）「障害児（者）の生涯発達支援システムの設
　　計と実践──関係諸機関との協働の在り方を中心に」、『東洋大学人間科学総合研究所
　　紀要』1, 55–71頁。
4）厚生労働省（2021）「障害児支援施策の概要」。https://www.mhlw.go.jp/content/
　　12200000/000360879.pdf
4）21世紀の特殊教育の在り方に関する調査研究協力者会議（2001）「21世紀の特殊教育
　　の在り方について（最終報告）」文部科学省初等中等教育局特別支援教育課。https://
　　www.mext.go.jp/b_menu/shingi/chousa/shotou/006/gaiyou/010101.htm
5）文部科学省（2002）「障害のある児童生徒の就学について（通知）」。https://www.nise.
　　go.jp/blog/2000/05/c1_h140527_01.html
6）文部科学省（2021）「障害のある子供の教育支援の手引～子供たち一人一人の教育的
　　ニーズを踏まえた学びの充実に向けて～」について（通知）。https://www.mext.go.jp/
　　content/20211213-mxt_tokubetu01-000016487_6.pdf
7）保健師中央会議（2013）「障害者総合支援法について」厚生労働省障害保健福祉部企画
　　課。https://www.mhlw.go.jp/stf/shingi/2r98520000036ouk-att/2r98520000036ozu.pdf
8）眞保智子（2021）『3訂版　障害者雇用の実務と就労支援──「合理的配慮」のアプ
　　ローチ』日本法令。
9）厚生労働省社会・援護局障害保健福祉部障害福祉課（2021）「障害者の就労支援につい
　　て」。
　　https://www.mhlw.go.jp/content/12601000/000797543.pdf
10）東京都広報（2019）「条例のあらまし」。https://www.tokyoto-koho.metro.tokyo.lg.jp/
　　files/koho/y2019/2019_148.pdf
11）東京都知的障害養護学校就業促進研究協議会（編）（2003）『個別移行支援計
　　画 Q&A 基礎編』ジアース教育新社。
12）宮﨑英憲（編著）（2004）『個別の教育支援計画に基づく個別移行支援計画の展開──
　　特別な教育的ニーズを持つ子どもへの支援』ジアース教育新社。

（齊藤宇開・大澤淳一）

第 9 章

「地域で暮らす」を拡げるために

保護者・支援者へのメッセージ

　この章では、ASD を含む障害児者の地域、社会への参加について取り上げます。まず、地域での受け入れやその推進を図る上での大きな障壁となる保護者や支援者の側にある３つの「心の壁」を紹介します。そして、障害児者に関連する「問題」は、当事者の側に備わっているものではなく、周囲の人たちとの関係性の中で立ち上がり、固定化していくことを、当事者の手記から考えます。そのうえで、障害児者の「行動の理解」のあり方、そして提供される支援（サービス）の関係について、「行動の理解モデル」の分析を通じて問い直していきます。

① 「障害者の権利条約」の示す「地域で暮らす」という方向性

　2006 年 12 月 13 日に国連総会において「障害者の権利に関する条約」[1] が採択され、日本も翌 2007 年 9 月に署名をしました。2007 年 4 月、特殊教育から特別支援教育への大きな制度の転換は、この国際条約を批准するための国内法の整理から始まりました。このことは、日本政府がこの条約を、特別支援教育および障害者支援の施策のグランドデザインとして位置づけたことを意味します。

　ASD を含む障害児者の地域、社会への参加について、この条約ではどのように定められているのでしょうか。条約の第 3 条には、「障害者の尊厳、自律及び自立の尊重、無差別、社会への完全かつ効果的な包容等」といった 8 つの一般原則が挙げられていますが、第 19 条には社会と障害者の関係について次のように記載されています。

「この条約の締約国は、全ての障害者が他の者と平等の選択の機会をもって地域社会で生活する平等の権利を有することを認めるものとし、障害者が、この権利を完全に享受し、並びに地域社会に完全に包容され、及び参加することを容易にするための効果的かつ適当な措置をとる」。

この条約の目指す「地域社会における平等の権利の享受と完全な包容」へ向けた努力を重ねることは、多くの読者の皆さんの関心と一致すると思われます。そこでまず、これまでの章で扱った指導の内容論・指導方法論ではなく、障害児者の地域での受け入れやその推進を図る上での大きな障壁となる保護者や支援者の「障害」に関連する3つの「心の壁」について考えてみたいと思います。

② 第1の心の壁——"子どもは「定型発達」か「非定型発達」のどちらかである"

発達を評価する目的の一つは、子どもの発達が「定型発達」の範囲に含まれているのか「非定型発達」の範囲に含まれるかということを明らかにすることです。「定型発達」とは、ある時点で特定の行動が、ある許容範囲の中で観察され、それらの行動が一定の順序で出現することを確認できることと言えます。そして「定型発達」と評価されることは、望ましい発達の経過をたどっていると評価され、今後もたどることを期待されます。

たとえば、「乳児の多くは、3ヵ月頃に首が据わり、6ヶ月頃になると人見知りが始まり、12ヶ月頃に指さしが現れその後、有意味語を発する。また、その頃になると一人で歩く行動が出現する。2歳に頃には二語文を話せるようになり、友達と追いかけっこ遊びをしたりし、3歳になるとごっこ遊びを楽しめるようになる。4歳頃になると経験したことを他の子に話すようになる。この頃になると『心の理論』の獲得がされ、自分の持つ情報と他者の持つ情報の違いに基づいて判断ができるようになる」。この文章は、筆者が一般的に発達のマイルストーンと認識されている行動をそれらが現れる時期を月齢や年齢に沿って並べて作成したものですが、このような言説を通して、「定型発達」であるかどうかについて評価されます。

このような基準等に基づいて、私たちは、子どもたちを「定型発達」と「非定型発達」に2分化します。そして、ASDの子どもたちの多くを「非定型発達」に分類していきます。筆者は、いわゆる「非定型発達」の子どもたちとその家族や関係者と関わる中で、この二分法的な考え方が、関わる支援者（保護者や教師などの専門職）のASDの子どもたちに対する心理的な壁を作り上げる役割を果たしてきたと考えるようになりました。

「非定型発達」という語は、文字通り「定型発達ではない」ことを指し、定型発達とは連続しておらず、それと断絶しているというイメージを持たせ、正常ではなく特異であるというニュアンスさえ持つ用語です。目の前の子どもを「非定型発達」のASDと認識するとき、私たちは子どもの状態像に問題性を見出すことを当然だと考えます。そして、「障害」という語を使う代わりに「特性」という語を用いて、支援の必要な彼の困難性を、いつの間にか「彼の中に内在している問題」として理解する、という罠にはまります。この考え方は、国際機能分類で提唱されている、障害状況が「環境と個体要因の相互作用」によって形成されているというモデルからすると時代錯誤的なものですが、いまだに私たちの頭から離れません。

つまり、「定型発達」であるか否かといった単純な二分法による障害の理解（ASDを含む）は、「障害が（特性が）あるから、○○ができない」という論理を導きやすくなります。「○○」の中には、話すこと、対人関係を維持すること、働くこと、親と離れて暮らすことなどが入れられることになります。そして、この論理は、ASDをはじめとする障害者の地域生活や社会参加へのブレーキの役を気づかないうちに果たしてしまいます。

③ 第2の心の壁——"「定型発達」の大人や 子どもはみな同じである"

以上のように、「非定型発達」の子どもたちは、「定型発達」の子どもたちと分けて考えられてきました。では、そもそも「定型発達」の子どもたち（や大人たち）は、差異も特異性もない、一把一絡げにまとめてもよい存在なのでしょうか。「定型発達」の人たちが、身長、体重、体型、虹彩や髪の色

図9-1 「これは何ですか?」
出典：筆者作成。

がそれぞれ異なっていることは、誰の目にも明らかな事実です。このように外見に顕れるものはその差異を認めやすいですが、情報に対する理解や認識の違いや情報処理の得意不得意といった点において、「定型発達」・「普通」の範疇にある人の差異は、ほとんど関心が払われずにきました。

　ここでの「定型発達」・「普通」の人たちの情報に対する理解や認識、情報処理の差異をするために、2つの簡単な思考実験を行ってみましょう。まず図9-1を見てください。「これは何ですか」と聞かれたら、みなさんはどう答えますか。

　ひらがなを学んだ日本人は、ほとんど「『ぷ』と『まる』」と答えます。しかし、ひらがなを学んだことのない人（例：外国人）の多くは、「ボーリングをしている人の図」と答えるでしょう。「ぷ」が「ふ」の半濁音［Pu］であることを意味する「゜」が頭で、「ふ」の第一画と第四画が腕、第三画を足、第二画を体と足、句点「。」をボーリングの球に見立てているのです。また、ボーリングというスポーツの経験のない人だったら、コインを拾う人とみるかもしれません。

　これらの認識・理解のうち、どれが正しいといえるでしょうか。「『ぷ』と『まる』」が正しくて、「ボーリング」や「コインを拾う人」の答えはまちがいでしょうか。人の情報に対する認識や理解を考えるとき、図9-1が文字なのか図なのか、といった議論は本質的ではなくなります。このイラストがその人にどう見えるのかに対する答えに違いが存在することが重要なのです。このことから、ものの認識は、「定型発達」者間で同じではなく、人の学習経験や文化の違いに影響されることが理解できると思います。

　2番目の実験は、私たちが日常経験しがちな例について考えてみます。みなさんは、有名な観光地に住んでいるとしましょう。そこに初めて来た観光

客から、みなさんもよく知っているそう遠くない観光スポットへの行き方を尋ねられました。せっかく来たので、いろいろ見ながら歩いていきたいと言います。そのとき、皆さんは、「地図」を書いて道順を伝えますか、それとも「ここをまっすぐ行って2つ目の交差点を左に曲がると遮断機があります。そこをわたって3番目の信号を右にまがると……」と「ことば」で道順を伝えますか。そして、逆に観光客の立場であれば、どちらで伝えて欲しいでしょうか。少し考えてみてください。

　伝えるときに「地図」のほうがいい人は、伝えてもらうときも「地図」、そして伝えるときに「ことば」のほうがいい人は、伝えてもらうときも「ことば」、というように、両方が一致した人が多かったではないかと思います。このことは、私たちは情報を伝達する方法を、相手ではなく、自分に伝わりやすい方法から選択する傾向があることを示しています。伝えるときは「ことば」で、伝えてもらうときは「地図」という人もいたでしょう。これは、自分が払わなければならない情報伝達コスト（手間）を省くために「ことば」を選んだ可能性があると思います。逆に、伝えるときは「地図」で、伝えてもらうときは「ことば」という人もいたかもしれません。この人の場合、視覚的に地図の理解が得意でかつ、聴覚について短期の記憶が優れていたり、その聴覚情報をもとに頭の中で視覚的情報の再構成が可能な人ではないかと考えられます。

　伝達の方法を選択する際には当然、伝える相手のことを考えるという要因も影響を及ぼします。伝えるときは「地図」と答えた人の中には、そのような観点から「地図」を選んだ人もいると思われますが、伝える相手が「地図」読みを得意なのかどうかは、伝える側は本来知りません。「地図」読みを苦手とする相手に「地図」を用いて情報を伝えることになれば、相手への「思いやり」が「意地悪」になってしまいます。この「地図」の選択には、「自分と同じように人は情報を処理するであろう」という暗黙の前提が横たわっていることになります。しかし、「定型発達」の人の情報の理解や認識、情報処理の行い方にも、一人一人厳然とした違いがあるのです。人はそもそも異なっているのです。定型発達の人、非定型発達の人だのを問わず、「一人一人異なる存在である人が、暮らしやすい地域とは？」と考えることが、

障害児者の「地域で暮らす」を拡げるための出発点になるのではないでしょうか。

4　第3の心の壁——"彼らを苦しめているのは ASD の症状そのものである"

　ASD は、第1章に示したとおり、特定の行動がある条件で確認されることによって診断が行われる症候群です。これは、21 番目の常染色体が3本あることによって診断が確定するダウン症とは異なります。つまり ASD の診断においては、診断に用いる行動のリストや状態が重要な役割を果たし、最新のものは、DSM–5 などの医学書に示めされています。そこには、「対人関係の問題（コミュニケーション行動の問題も含む）」や「行動のパターン化などの同一性保持の問題」や「興味関心が広がりづらさ」に整理されていますが、これまで ASD に関わってきた専門家は、ここに示された行動や状態像に病理性や問題性を感じ、それらを解消、解決することに力を注いできたと言っても言い過ぎではありません。この視点は、支援する側からのものです。そして、本書の大半も、そのような営みや視点をサポートする立場から書かれています。

　この節で考えてみたいのは「ASD」あるいは「自閉症」と診断を受けた人にとって、そのような行動や状態像が、どのような意味を持ち、どこに「問題性」が生じているのかということです。そこで、自らのことに関して、文章で表現している2名の当事者の著作等をもとに考えてみたいと思います。ただし、「ASD」という診断名は比較的新しく、その診断を受けた当事者による文章にあたることができなかったため、「自閉症」の当事者のものを取り上げることにしました。

（1）ドナ・ウィリアムズの手記

　はじめに、ドナ・ウィリアムズ[2]の手記を手がかりに考えます。ドナ・ウィリアムズさんは、「自閉症」の当事者として手記を公開しており、日本では比較的早い時期から知られている人です。以下、彼女の手記から ASD

の行動や状態像と周囲との関係性を示す文章を挙げます。下線は、筆者が加えました。

1）行動特性自体は、本人にとって問題ではない

　　わたしは、空中にはさまざまな丸が満ちていることを発見した。じっと宙を見つめると、その丸がたくさん現れる。その魔法の世界を邪魔するのが、部屋の中を歩き回る人々だ。わたしは人を見ないようにする。あれは、単なるごみ。わたしは一心に、きらめく丸の中に同化したいと願い、ごみは無視してその向こうを透視しようとする。（中略）わたしには、そうした人々の口から出ることばなどはどうでもよかった。だが彼らの方は、そうではなかった。わたしが答えるのを期待し、待っている。答えるためには、私は自分が何と言われたのか理解しなければならない。だが、心を飛び立たせていろいろな物に同化するのがあまりに楽しくて、ことばを理解するなどという平面的な行為には、とても興味が向かなかった。

　　「一体おまえは何をしているの？」いらだたしげな声がする。

　　とうとうこれは何か言わなくてはならないと感じて、わたしは妥協することにする。そして誰に言うともなく、耳に入ってきたばかりのことばをそのまま口に出す。「一体おまえは何をしているの？」

　　「いちいち真似するんじゃありません」声は、怒っている。

　　また、何か言わなくては、と思い、わたしは言う。

　　「いちいち真似するんじゃありません」

　　ピシャッ。またもや平手打ち。どうして？　どうすればいいの？　わたしにはまるでわからなかった。

　　こうして人生における一番最初の3年半の間、おうむ返しの口真似だけがわたしのことばだった。（19-20頁）

　この文章から伝わってくることは、自閉症者の行動特性である対人興味の少なさやことばの習得の遅れは、ドナさん自身にとっては大きな問題としては認識されていないことです。「おうむ返し」という行動でさえ、家族とのやり取りに参加する方法として利用されます。しかし、この方法は家族からの否定的な対応（虐待）を受ける結果を導きます。

2) 環境調整さえあれば、社会参加の可能性が高まる

　わたしのまわりには、<u>色もあざやかなさまざまな衣類</u>があり、<u>つやつや</u><u>と輝くたくさんの靴</u>があり、<u>数字の順番に並べられた</u>箱の列があった。しかもそれらはすべてケースや棚の中に<u>きちんとおさまっていて</u>、さらにケースの棚も、通路ごとに<u>整然と区分けされている</u>。まるで<u>わたしは夢の</u><u>国</u>にいるようだった。（中略）それは、<u>保証とやすらぎの世界</u>だった。（118頁）

　これは、デパートで売り場の店員をしていた頃の記述で、いわゆる同一性保持（物事の順序や配置が一定であること）に対する彼女の親和性を示すものです。この特徴により、環境さえ調整されるのであれば、彼女は心理的に安定し、社会参加の可能性が高まることを示しています。しかし、その後彼女は、その安定した場を同僚が乱すことが耐えられず人を閉め出してしまい、最終的にはその仕事を辞めることになります。

　彼女の独自の環境の認知や解釈を見ると、私たちのものと異なる可能性があります。しかし、そのこと自体について、彼女自身が困っているようには見えません。むしろ「問題性」は、彼女の状態や行動が、家族や周囲の人間と接する場面で浮き上がってくるといえます。

(2) 東田直樹の手記から

　次に取り上げたいのは、東田直樹さん[3]です。彼は小学校5年の途中まで、通常の学級で過ごしていましたが、自ら特別支援学校（知的障害養護学校）で学ぶことを選択した人です。自閉症の名を冠した著作や詩集等を出版しています。その著作のいくつかは翻訳され、海外の自閉症の保護者から支持をうけています。現在成人しており、自分の音声を使ってコミュニケーションをすることもありますが、今回取り上げた本（自閉症の僕が跳びはねる理由）を出版した時点では、音声言語の使用は、多くの制限があり、書き言葉を使ってみずからの意思を伝えていました。引用中の下線は筆者が加えました。

1) 自分が障害を持っていることに気づく

　<u>自分が障害を持っていること</u>を、僕は小さい頃は分かりませんでした。

どうして自分が障害者だと気づいたのでしょう。

それは、<u>僕たちは普通と違う所があってそれが困る、とみんなが言ったからです。</u>

しかし、普通の人になることは、僕にはとても難しいことでした。

僕は、今でも、人との会話ができません。声を出して本を読んだり、歌ったりはできるのですが、人と話をしようとすると言葉が消えてしまうのです。必死の思いで、1〜2単語は口に出せることもありますが、その言葉さえも、自分の思いとは逆の意味の場合も多いのです。（2頁）

東田さんの文章からは、自分の障害に気づく過程と周囲の人とのすれ違いがあったことがわかります。東田さんは、自身に障害があるとは思っていませんでしたが、周囲との差異と差異に対する指摘によりそれを知ります。

2）僕たちだって、みんなと一緒がいい

「いいのよ、ひとりが好きなんだから」

僕たちは、この言葉を何度聞いたことでしょう。人として生まれてきたのにひとりぼっちが好きな人がいるなんて、僕には信じられません。

僕たちは気にしているのです。自分のせいで他人に迷惑をかけていないか、いやな気持ちにさせていないか。そのために人といるのが辛くなって、ついひとりになろうとするのです。

<u>僕たちだって、みんなと一緒がいいのです。</u>

だけど、いつもいつも<u>上手くいかなくて、気がついた時にはひとりで過ごすことに慣れてしまいました。</u>（38頁）

よく一人でいる彼の姿を見ている周囲の人は、そのことを「いいのよ、ひとりが好きなんだから」と解釈しますが、彼は、「僕たちだって、みんなと一緒がいいのです。だけど、いつもいつも上手くいかなくて、気がついた時にはひとりで過ごすことになれてしまいました」と解説をしています。

3）僕たちの気持ちを支援者はわからない

みんなは気づいていません。僕たちが、どんなに辛い気持ちでいるのか。

僕たちの<u>面倒</u>をみるのは「<u>とても大変なのよ</u>」と、周りにいる人は言う

かも知れません。

　けれども、<u>僕たちのようにいつもいつも人に迷惑をかけてばかりで誰の役にも立てない人間が、どんなに辛くて悲しいのか、みんなは想像もできないと思います。</u>

　何かしでかすたびに謝ることもできず、怒られたり笑われたりして、自分がいやになって絶望することも何度もあります。

　僕たちは、<u>何のために人としてこの世の中に生まれたのだろう</u>と、疑問を抱かずにはいられません。（60頁）

　この文章は、「自閉症」と呼ばれる行動の特徴を持っている人と支援者の悲しい断絶の存在を示しています。彼は、「僕たちのようにいつもいつも人に迷惑をかけてばかりで誰の役にも立てない人間が、どんなに辛くて悲しいのか、みんなは想像もできないと思います」と書いていますが、この文章は、支援する者と支援される者の間にある力関係の存在と、支援者側が被支援者の意図や意思の存在に気づかない危険性について示していると思います。

　4）話ができない人＝話すことがない人、ではない

　この文章を書いていた頃の東田さんは、音声によるコミュニケーションが非常に困難な時期でしたが、母親がファシリテーティド・コミュニケーションという方法を使って、幼少期より文字による意思表出を支援してきていました。ファシリテーティド・コミュニケーションは、ローズマリー・クロスリー（Rosemary Crossley）という研究者によって開発された方法です。彼女は "Not being able to speak is not the same as not having anything to say"（話せないということは、話したいことが何もないということと同じではない）ということばを残しています。支援に携わる者は、彼女のことばの意味の理解を深く理解すべきだと、私は思っています。彼の母親は、話しことばを使えなくても、自分の子どもに意思があり、それを表出させようとしたのです。筆者は「自閉症」の人に対し、「話せない人は、話すことを持っていない」と思いながら接するのではなく、同じ人として、何かを感じており、何かを伝えたい「人」なのだということを前提に、関わっていくことの重要性を感じます。

　以上、2人の「自閉症」当事者の文章を手がかりに、ASDの症状や状態像の「問題性」がどこに立ち上がってくるのかを考えてきました。2人の症状や状態像の「問題性」は、当事者側にそもそも備わっているのではなく、周囲の人達との関係性の中で立ち上がり、強固にされていると考えられます。支援を行う私たちは、問題性を指摘して状況を好転させようとしますが、失敗に終わる場合もしばしばあります。支援者側からすると、症状を構成する行動や状態像は、それらが観察される＝問題性を表していると考えがちですが、実は行動や状態像は当事者と支援者のやり取りの中で固定化され、困難化していくのです。

　東田さんの文章からは、当事者が支援者から「話ができない人は、話すことがない」、「話すことができない人は、話ができる『人』と『同じ』ではない」といったステレオタイプにさらされている危険性を感じます。

⑤ 支援者側の「行動の理解のしかた」が、支援の方向性を規定する——「行動の理解モデル」で考える

　ここまで、障害児者の地域での受け入れやその推進を図る上での大きな障壁となる保護者や支援者の「障害」に関連する3つの「心の壁」について考えきました。私たちは、それぞれの自分の中にある「心の壁」の影響を理解し、地域での障害者（ASDを含む）の受け入れや社会参加への方略を練っていく必要があります。先述のとおり、ASDは特定の行動の有無によって診断される症候群です。本節ではさらに一歩踏み込んで、支援者側の「行動の理解のしかた」が、障害者に提供される支援（サービス）にどう影響するのか[4]について考えてみたいと思います。

（1）病理モデル（治療教育モデル）

　「行動の理解のしかた」と、提供される支援（サービス）の関係を、筆者は「行動の理解モデル」と呼んでいます。「行動の理解モデル」は、3つの下位モデルから構成されます。第1のモデルは、「病理モデル（治療教育モデル）」で、図9-2の中央の上部の「問題の指摘、取り組む対象」と「取り

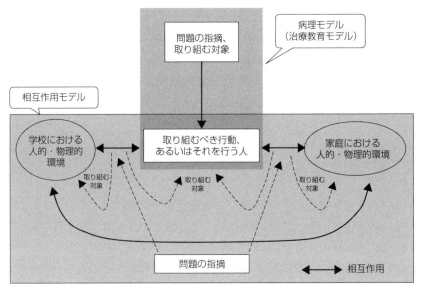

図9-2 「行動の理解モデル」の下位モデルである病理モデルと相互作用モデル

出典：筆者作成。

組むべき行動、あるいはそれを行う人」の2つの部分（濃い四角の網掛け）から構成されています。このモデルは、子どもたちが直面する行動上の問題の原因を、子どもの症状で説明しようとする考え方です。この考え方に従えば、子どもの症状を治癒・改善させることに向けて、子どもへの取り組みを焦点化していくことになります。つまり、問題が起きたことや、その問題が続いていることについて、環境側の影響を顧慮しないモデルです。

(2) 相互作用モデル

　第2の「相互作用モデル」は、図9-2の「病理モデル（治療教育モデル）」の「問題の指摘、取り組む対象」の部分を除く他の部分から構成されるものです。このモデルでは、「取り組むべき行動、あるいはそれを行う人」は、「学校における人的・物理的環境」や「家庭における人的・物理的環境」との相互作用によって成立し、維持されていると考えます。

　「問題の指摘、取り組む対象」は、「病理モデル」では「取り組むべき行動

あるいはそれを行う人」にのみ向けられていましたが、このモデルでは、「学校における人的・物理的環境」や「家庭における人的・物理的環境」との相互作用に向かいます。つまり、「取り組むべき行動、あるいはそれを行う人」だけでなく、「学校における人的・物理的環境」や「家庭における人的・物理的環境」も含まれます。

このモデルでは、問題の改善を、環境側への働きかけだけで行うこともできると考えます。言い換えれば、子どもの自閉症の症状が治癒・改善しなくても、相互作用さえ変化すれば、直面する問題が改善する可能性があるということです。ただし、このモデルに基づいたとしても、もし支援者が取り組みやすい対象にのみ（例えば子どもの問題点にのみ）介入する場合、それは環境側（学校および家庭）への取り組みを敬遠したものとなり、「病理モデル（治療教育モデル）」の取り組みと大差ないものになってしまう危険性があります。

(3) 文化圏モデル

第3のモデルは図9-3の「文化圏モデル」です。このモデルは、ある環境において行動が出現する背景には、状況認知や情報処理の結果の差異が関わっているという考え方に基づいており、3つの段階を踏んでいくものです。

1) 仮想文化圏段階

私たちは、状況の認知や理解・解釈を行い、その結果に基づいて行動を選択します。このことは状況の理解や解釈が人によって異なることによって、同じ場面においても異なる行動がみられることを意味します。つまり、場面の理解や解釈の違いごとに、出現する行動のレパートリーが変わってくることになります。この理解・解釈とセットになった行動レパートリーは、1つの行動の「文化」ということができます。

もし、「自閉症（ASD）人たちの国」があり、「私たちの国」と別々に存在するとしたら、どうなるでしょうか。自閉症（ASD）の人たちの国では、彼らのような方法で環境を理解し、彼らのような自閉症様の行動をすることが普通でしょう。このような人たちの集団では、いわゆる自閉症様行動は標準的とされ、周囲から問題が指摘されることもありません。

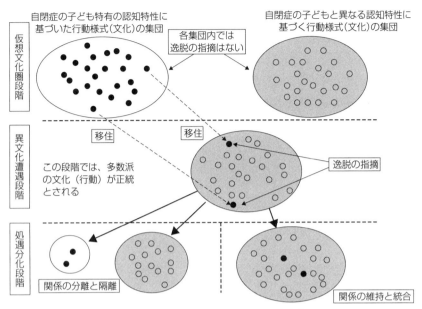

図 9-3 文化圏モデルとその処遇の方向性

出典：筆者作成。

　逆に言えば、私たちの多くが自閉症様の行動を示さないのは、自閉症（ASD）の人たちのようには環境を理解・解釈していないからです。そして、「自閉症（ASD）人たちの国」における行動と、「私たちの国」における行動の違いは、「文化」の違いとして認識することができます。

　これが「仮想文化圏段階」です。なぜ「仮想」かというと、現実は、「自閉症（ASD）人たちの国」と「私たちの国」と別々に存在している状態ではないからです。

2）異文化遭遇段階

　現実は、第2段階である「異文化遭遇段階」です。自閉症（ASD）のように世界を理解・解釈する人たちだけの国は存在せず、彼らは、私たちが住んでいる国の中で生まれ育っていきます。まさに異文化が遭遇した状態が現実なのです。この第2段階では、彼ら自閉症（ASD）の人たちは、その国や集団において少数派です。この多数派と少数派という比率の差が生じたことで、

少数派の行動は、集団の中で逸脱しているという指摘をされるようになります。

　社会を営む上で、この少数派の逸脱は問題となります。それを解決するために、多数派は少数派に対する処遇の検討を始めます。そして最終の第3段階「処遇分化段階」へ進みます。

　3）処遇分化段階

　この段階では、処遇が2つの方向性に分化します。第1の方向性は、「異なる文化を持つ者同士が、同一集団内にいることで問題が起こるのであるから、別々の集団として分けていけばよい」というものです。図9−3の「処遇分化段階」の左側がこれに当たります。これは一見、「自閉症（ASD）人たちの国」と「私たちの国」が存在するとした仮想文化圏段階に似ていますが、それまで存在しなかった「関係の分離と隔離」の世界を意図的に作り出そうとしている点で異なります。

　この左の方向性は少数派の直面する困難に理解や解釈に配慮しているようにも思われがちですが、最終的には「関係の分離と隔離」という処遇につながる流れです。かつて私たちの社会は、知的障害者の処遇においてこの方向性を選択したことがありました。1970年に成立した心身障害者福祉法は、1971年に開設された国立心身障害者コロニー「国立のぞみの園」の基礎となります。そしてこの国立コロニーは、全国の自治体のコロニー設置計画に影響を与えていきます。しかし、1981年にはじまった国際障害者年によって障害者福祉の考えは、施設中心型から地域福祉型へ移行していきます。そして今なお、サービス展開のあり方を施設中心から地域中心のものへと修正する取り組みが続いているのです。

　第2の方向性は、異文化交流をモデルとした「関係の維持と統合」の処遇への方向性です。図9−3の「処遇分化段階」の右側がそれを表しています。1つの集団内に、異なる状況の認知・解釈を行うグループが混在し、共に生活をしていくためにどのような配慮や支援が必要かを考えることを目指す方向性です。多数派が少数派の処遇を一方的に決めるのではなく、お互いの文化を尊重しつつ、関わり方を模索していく方向性とも言えます。この方向性の実際の取り組みにおいては、先の相互作用モデルの考え方が大きな役割を

果たすと思われます。つまり、少数派に存在する問題は、多数派との相互作用が変化することで改善する可能性があります。そして、最後に紹介した文化圏モデルは、日本の特別支援教育のめざすインクルーシブ教育の１つのあり方を考えるヒントになると思います。

　ここまで３つの「行動の理解モデル」＝病理モデル、相互作用モデル、文化圏モデルを示し、そのモデルの下で、私たち支援者が支援を必要とする人とどのように関わっていくかについて考えてきました。本書で紹介してきた指導内容、指導法、指導の場などの選定については、この行動の理解モデルのような、行動に対する私たちの見立てが、実に大きな影響力を持っています。ASDへの適切な支援、望ましい支援を考えるとき、私たちの持っているASDの行動の見立てにもう一度焦点をあてていくことは、彼らが適切な処遇を受けていくために欠かせないものです。

⑥　夢から逆算して今を設計する──まとめにかえて

　筆者は、ASDの人たちに向けた支援を充実するには、指導技術や方法論の論議こそ重要であると考えていた時期がありました。そこから脱却できたのは、ヴォルフェンスベルガー[5]の『ノーマリゼーション』（1982年）の第２章にあたる「対人処遇における逸脱の概念」を読んだことがきっかけでした。ヴォルフェンスベルガーは、北米型のノーマライゼーションの理論的支柱であった人です。彼の主張は、「障害者（「逸脱した人」と彼は呼びます）」に提供される処遇やサービスの質は、提供する側の障害者観に規定されるというものです。彼は、歴史を紐解きながら、「障害者」は８つのパターン（擬似人間、脅威、形容しがたい恐怖の対象、憐れみの対象、聖なる子、病人、嘲笑の対象、永遠の子）で認識され、そのパターンに応じた処遇やサービスを受けてきたと述べています。彼の主張に従えば、支援者がどれだけ高度な専門性と有益な支援方法を身につけても、その障害者観に基づいて「この障害者には支援は不要」と判断したら、支援は届かないことになります。つまり、支援者側の障害者観によっては、支援に関する専門性を身につけることが、障害者にはむしろ不利益になり得る可能性があることを知り愕然としました。

　それ以降、支援に関する情報や技術だけではなく、支援者にとっての「障害者」の意味合いや「障害者観」に関心を向けるようになりました。もちろん、ASD の人たち一人一人との関係性や、支援の適切さを論じる際にもこの考えを常に頭の片隅に置きながら、自分の関わりを見直しています。また、第 5 節で紹介した「行動の理解」モデルは、「問題行動」の捉えの整理[6]とヴォルフェンスベルガーの考え方に影響を受けながら構想したものでした。

　このような経過の後、私はインクルージョンや知的障害者の高等教育機関における生涯学習の可能性について関心が向くようになりました。タイ、インド、カナダ、アメリカ、アイスランド、フランス、イタリアなどに調査や訪問をする機会を得て、様々な研究者、支援者、当事者、保護者などに会いながら、ヴォルフェンスベルガーの考え方がインクルージョンや知的障害者の高等教育機関における生涯学習の可能性を拓く鍵であることを実感していきました。高等教育機関で学ぶ障害当事者との出会いでは、私が学んでいた専門的知識が、障害当事者の社会参加の支援において非力であることを実感し、また、私たちの想像が及ばない当事者の内的世界と、そこにある壮絶な葛藤の存在を教えてもらいました。

　おそらく世界で初めて大学において知的障害者を学生として受け入れるプログラムを推進した、発達障害のある人のためのカナダのアルバータ州委員会（PPD）のディレクターが筆者に個人的に言ってくれたことばがあります。「インクルージョンは成功することが保証されているわけではない。夢に動かされてやっている」というそのことばは、日本の「障害者」、ASD の人が直面している現状に取り組もうとするとき、常に私の頭によぎります。

　「地域で生きる」という動きを進めようとするとき、私たちは、そのための子ども側の準備性に関心を向けます。もちろん準備性もそれに向けた私たちの支援も必須です。しかし、その一方で、彼らを社会に迎えるための準備のほうは、手がつかないままの状況ではないかという思いにかられます。本章で述べてきたように、子どもたちが抱えている障害状況は、個体要因と環境要因の相互作用の産物です。今の私たちは、彼らの環境を構成しているものとして、前に進む準備に取りかかっていると言えるでしょうか。先のディレクターが言った「夢」に突き動かされて、今の環境の設計をしていかなけ

ればならないのではないかと思っています。

引用・参考文献 ──────────────────────────────

1) 外務省「障害者の権利に関する条約（略称：障害者権利条約）」。https://www.mofa.
go.jp/mofaj/gaiko/jinken/index_shogaisha.html

2) ドナ・ウィリアムズ（1993）『自閉症だったわたしへ』河野万里子訳、新潮社。

3) 東田直樹（2007）『自閉症の僕が跳びはねる理由』エスコアール出版。

4) 肥後祥治（1994）「知能障害児・者の自傷行動の研究Ⅳ──問題行動観再考」、『心身障
害学研究』18, 169–171 頁。

5) ヴォルフ・ヴォルフェンスベルガー（1982）『ノーマリゼーション──社会福祉サービ
スの本質』中園康夫・清水貞夫（編訳）、学苑社（Wolf Wolfensberger［1981］*The
Principle of Normalization in Human Services*. National Institute on Mental Retardation
York University Campus.）

6) 肥後祥治（2011）「自閉症」、石部元雄・柳本雄次（編著）『特別支援教育［改訂版］
──理解と推進のために』福村出版、200–211 頁。

（肥後祥治）

索　引

［監修者］
宍戸和成（ししど・かずしげ）
前独立行政法人国立特別支援教育総合研究所理事長。専門は、聴覚障害教育。
東京教育大学教育学部特殊教育学科卒業。文部科学省初等中等教育局視学官、筑波大学附属久里浜特別支援学校校長などを歴任。
主著に『聴覚障害教育の歴史と展望（ろう教育科学会創立 50 周年記念）』（共著、風間書房、2012年）。

古川勝也（ふるかわ・かつや）
元西九州大学教授。専門は、肢体不自由教育。
文部科学省初等中等教育局特別支援教育課特殊教育調査官（肢体不自由担当）、長崎県立諫早特別支援学校校長、長崎県教育センター所長などを歴任。
主著に『自立活動の理念と実践　実態把握から指導目標・内容の設定に至るプロセス 改訂版』（編著、ジアース教育新社、2020 年）。

徳永　豊（とくなが・ゆたか）
福岡大学人文学部教育・臨床心理学科教授。専門は、特別支援教育、発達臨床。
1960 年生まれ。九州大学大学院教育学研究科博士課程中退。
主著に『障害の重い子どもの目標設定ガイド　第 2 版』（編著、慶應義塾大学出版会、2021 年）、『新 重複障害教育実践ハンドブック』（共著、全国心身障害児福祉財団、2015 年）。

［編者］
齊藤宇開（さいとう・うかい）　第 2 章、第 8 章（共著）
TASUC 株式会社代表取締役。社会福祉法人宝もの理事長。専門は特別支援教育、知的障害、ASD、発達障害の教育、社会福祉。
1970 年生まれ。北海道教育大学大学院教育学研究科学校教育専修修了。
主著に『自閉症教育実践ガイドブック』（編著、国立特殊教育総合研究所、2004 年）、『自閉症教育実践ケースブック』（編著、国立特別支援教育総合研究所、2005 年）、『自閉症教育実践マスターブック』（編著、国立特別支援教育総合研究所、2005 年）、『発達障害のある子どものためのたすくメソッド』（全 3 巻、編著、ジアース教育新社）、『たすく METHOD 7R』（監修、TASUC 株式会社、2022 年）。

肥後祥治（ひご・しょうじ）　第 1 章、第 7 章、第 9 章
鹿児島大学教育学部教授。専門は特別支援教育、応用行動分析学。
筑波大学大学院心身障害学研究科博士課程単位取得退学。博士（教育学）。
主著に『子どもの学びからはじめる特別支援教育のカリキュラム・マネジメント　児童生徒の資質・能力を育む授業づくり』（共編著、ジアース教育新社、2020 年）。『発達障害臨床のすすめ・はじめて読む行動分析の本　1・2』（明治図書出版、2010 年）。

徳永　豊（とくなが・ゆたか）　第 3 章

［著者］

坂井　聡（さかい・さとし）　第4章
香川大学教育学部教授。専門は障害児の教育方法、コミュニケーション指導。
金沢大学大学院教育学研究科修了。
主著に『知的障害や発達障害のある人とのコミュニケーションのトリセツ』（エンパワメント研究所、
2019年）、『自閉症スペクトラムなど発達障害がある人とのコミュニケーションのための10のコツ』
（エンパワメント研究所、2013年）。

渡部匡隆（わたなべ・まさたか）　第5章
横浜国立大学大学院教育学研究科教授。専門は心身障害学、応用行動分析学。
筑波大学大学院博士課程心身障害学研究科単位取得満期退学。
主著に『はじめての特別支援教育　教職を目指す大学生のために』（共編著、有斐閣アルマ、2014
年）、『6つの領域から支援する　自閉症スペクトラムのある子どもの人間関係形成プログラム』（共
編著、学苑社、2014年）。

佐藤克敏（さとう・かつとし）　第6章
京都教育大学教育学部教授。専門は特別支援教育、知的障害・発達障害の教育、心理。
1965年生まれ。筑波大学大学院博士課程心身障害学研究科中退。
主著に『個別の指導計画の作成と活用』（編著、クリエイツかもがわ、2010年）、『特別支援教育第
3版　一人ひとりの教育的ニーズに応じて』（分担執筆、福村出版、2019年）。

大澤淳一（おおさわ・じゅんいち）　第8章（共著）
株式会社ダブルコーポレーション（TASUCグループ）。
多機能事業所（就労移行支援等）TRYFULL（トライフル）鎌倉施設長。
専門は特別支援教育、知的障害者の生活・就労支援。
1984年生まれ。東洋大学文学部教育学科卒業。

シリーズウェブサイト　https://www.keio-up.co.jp/tokubetsu/

特別支援教育のエッセンス
自閉スペクトラム症教育の基本と実践

2023 年 9 月 20 日　初版第 1 刷発行

監修者―――――宍戸和成・古川勝也・徳永 豊
編　者―――――齊藤宇開・肥後祥治・徳永 豊
発行者―――――大野友寛
発行所―――――慶應義塾大学出版会株式会社
　　　　　　　〒 108-8346　東京都港区三田 2-19-30
　　　　　　　Ｔ Ｅ Ｌ〔編集部〕03-3451-0931
　　　　　　　　　　　〔営業部〕03-3451-3584〈ご注文〉
　　　　　　　　　　　〔　〃　〕03-3451-6926
　　　　　　　Ｆ Ａ Ｘ〔営業部〕03-3451-3122
　　　　　　　振替 00190-8-155497
　　　　　　　https://www.keio-up.co.jp/
装　丁―――――中尾 悠
組　版―――――株式会社キャップス
印刷・製本――中央精版印刷株式会社
カバー印刷――株式会社太平印刷社

特別支援教育のエッセンス 全5巻

宍戸和成・古川勝也・徳永 豊［監修］

視覚障害教育、聴覚障害教育、知的障害教育、肢体不自由教育、自閉スペクトラム症教育の「基本と実践」をまとめた特別支援教育テキストの決定版！

●本シリーズのポイント

① 障害種ごとに 1 冊ずつ完結させることで、内容や範囲を把握しやすく、学びやすい

② 学校現場の悩みや戸惑いに対応し、困りごとに対する解決の方向性を示している

③ 学生、特別支援学校教員（特に新任者）を主に対象とし、講義や研修で使いやすい章構成

④ これまでの教育実践を踏まえて、オーソドックスな内容とし、「基本」に徹している

⑤ ICT 活用や合理的配慮、キャリア支援など、今日的な課題にも対応

⑥ 特別支援教育を担当する教員だけでなく、家族や支援を行う専門職へも有益な情報を提供

視覚障害教育の基本と実践

小林秀之・澤田真弓［編］　　　　　　　　　定価2,420円（本体価格2,200円）

聴覚障害教育の基本と実践

宍戸和成・原田公人・庄司美千代［編］　　　定価2,420円（本体価格2,200円）

知的障害教育の基本と実践

佐藤克敏・武富博文・徳永 豊［編］　　　　　定価2,420円（本体価格2,200円）

肢体不自由教育の基本と実践

徳永 豊・吉川知夫・一木 薫［編］　　　　　定価2,420円（本体価格2,200円）

自閉スペクトラム症教育の基本と実践

齊藤宇開・肥後祥治・徳永 豊［編］　　　　　定価2,420円（本体価格2,200円）